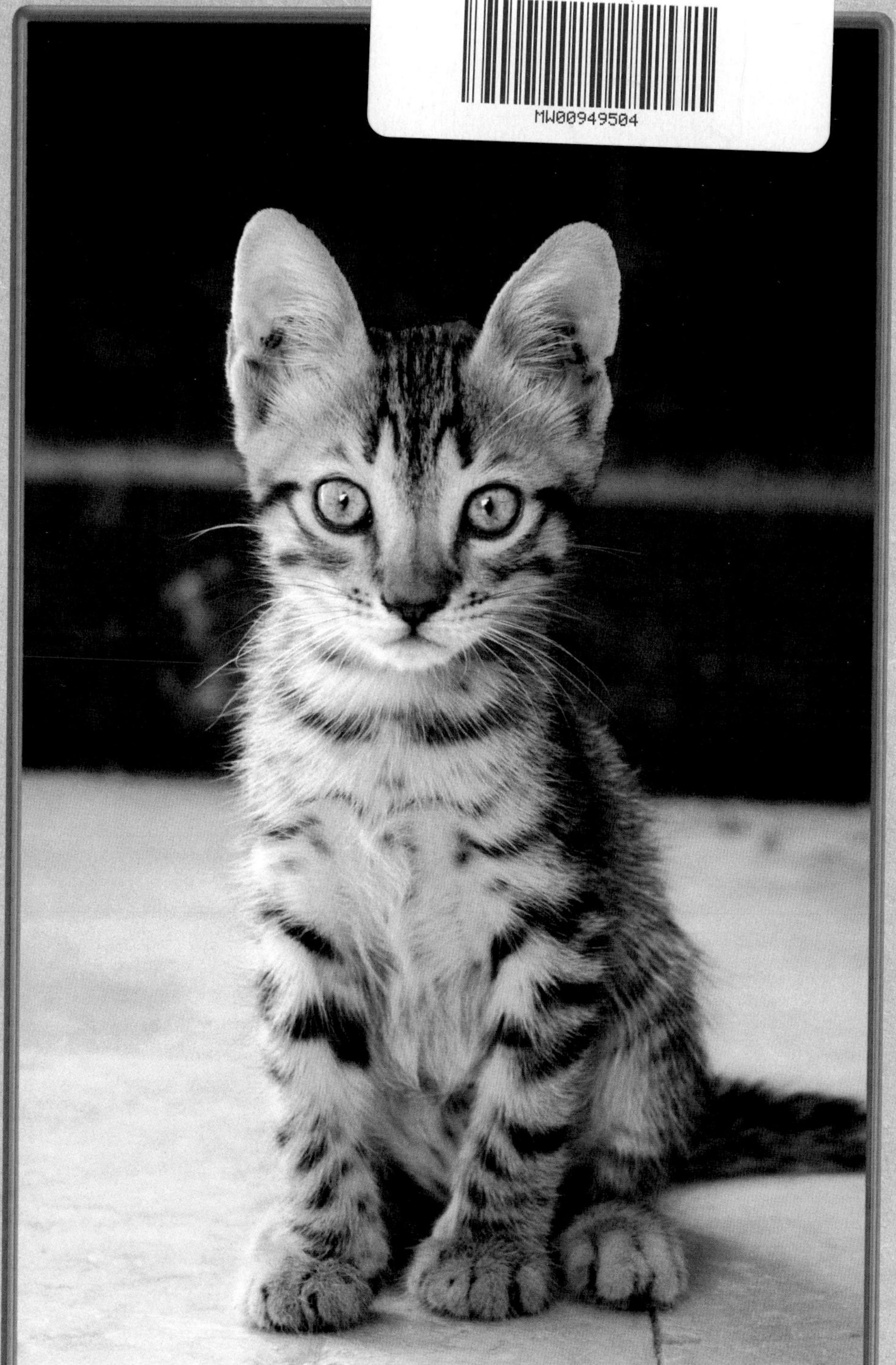

MW00949504

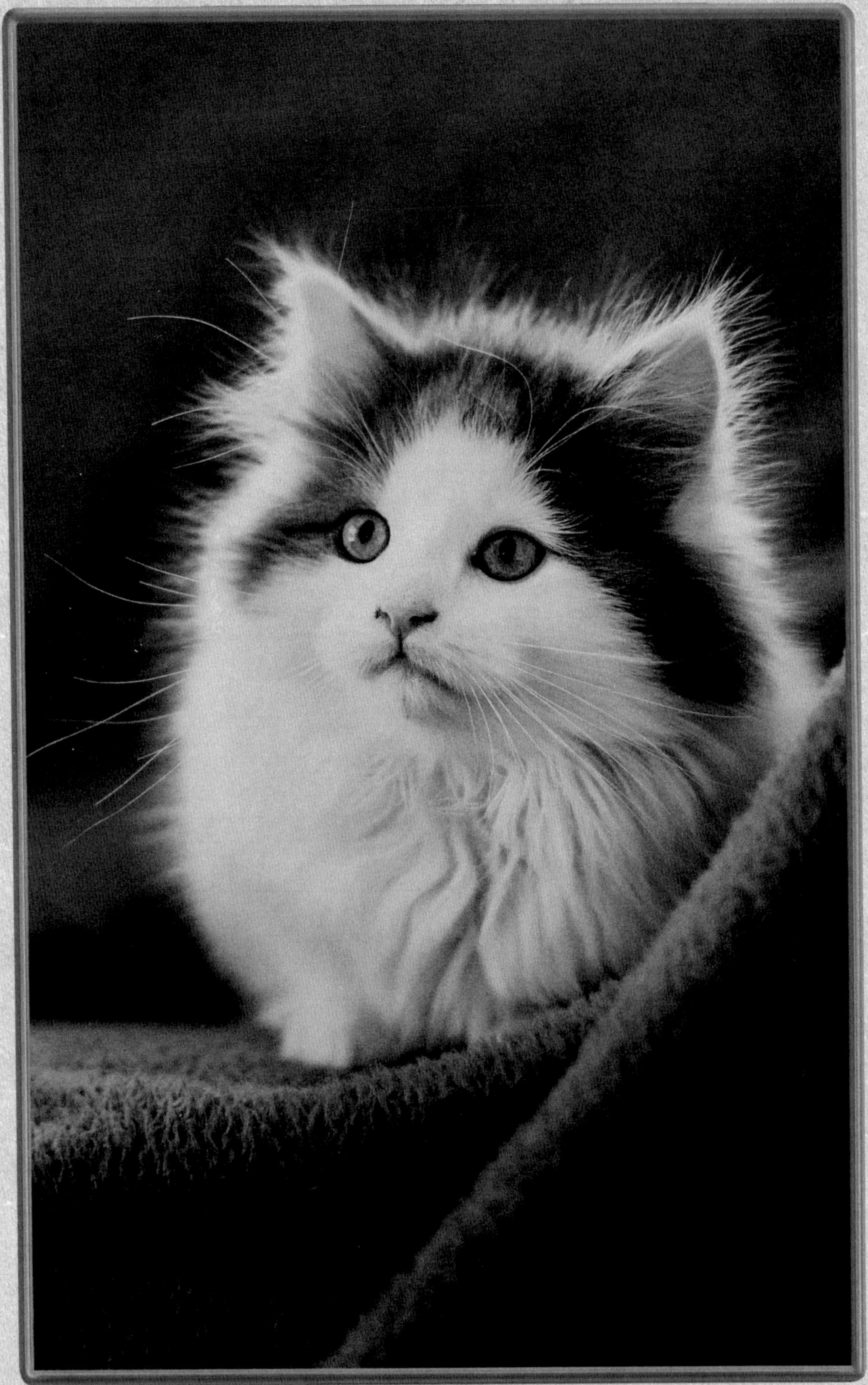

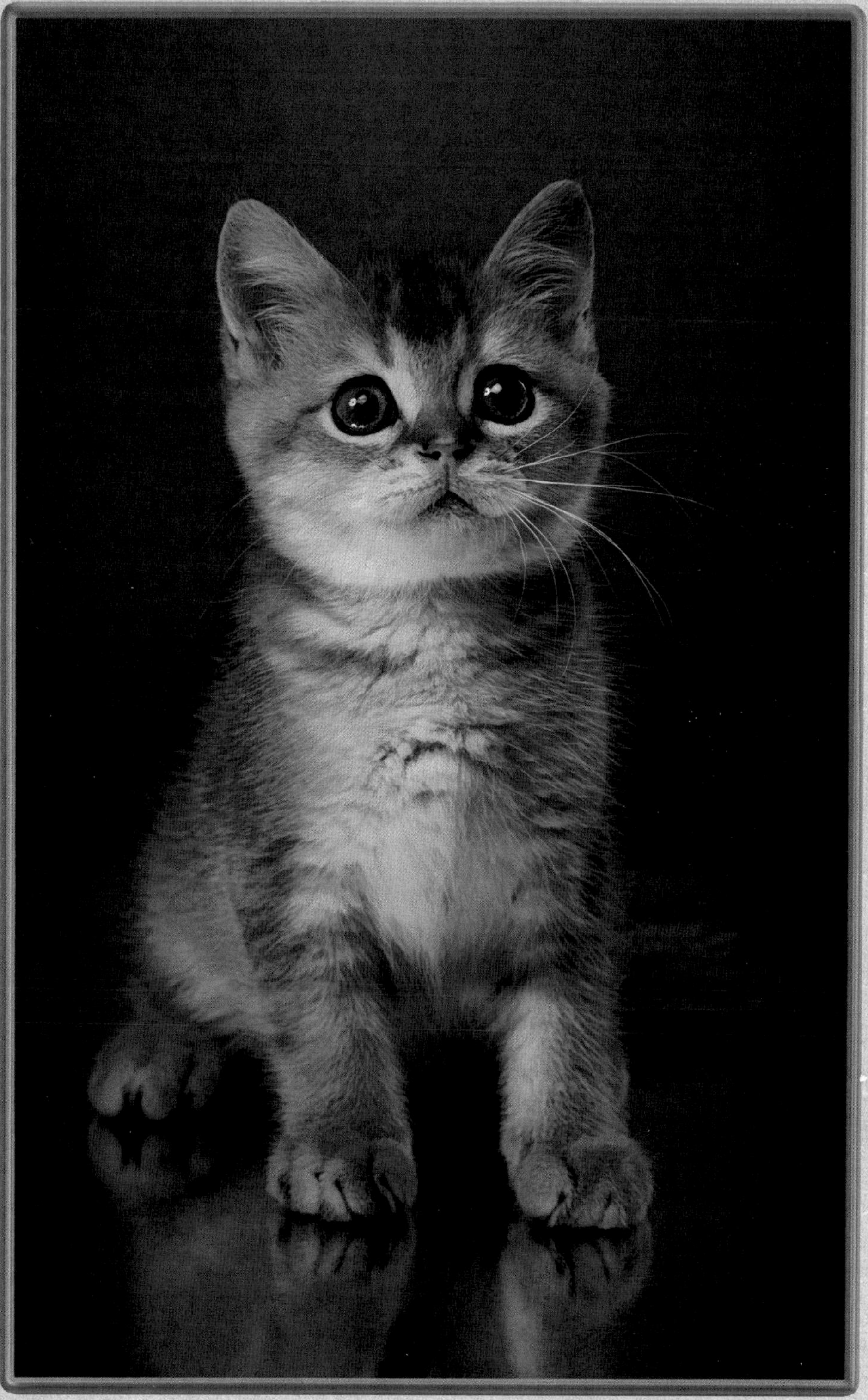

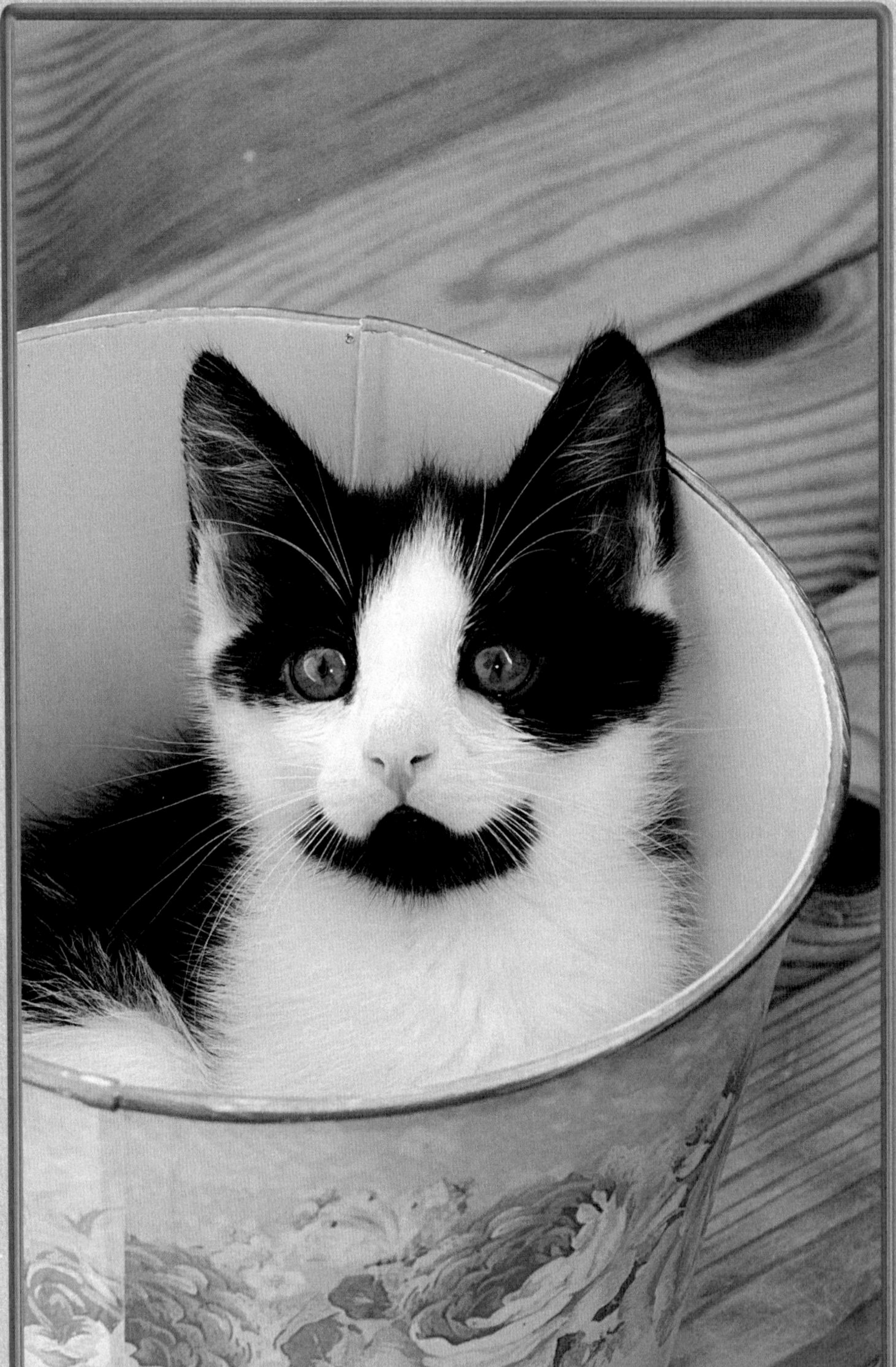

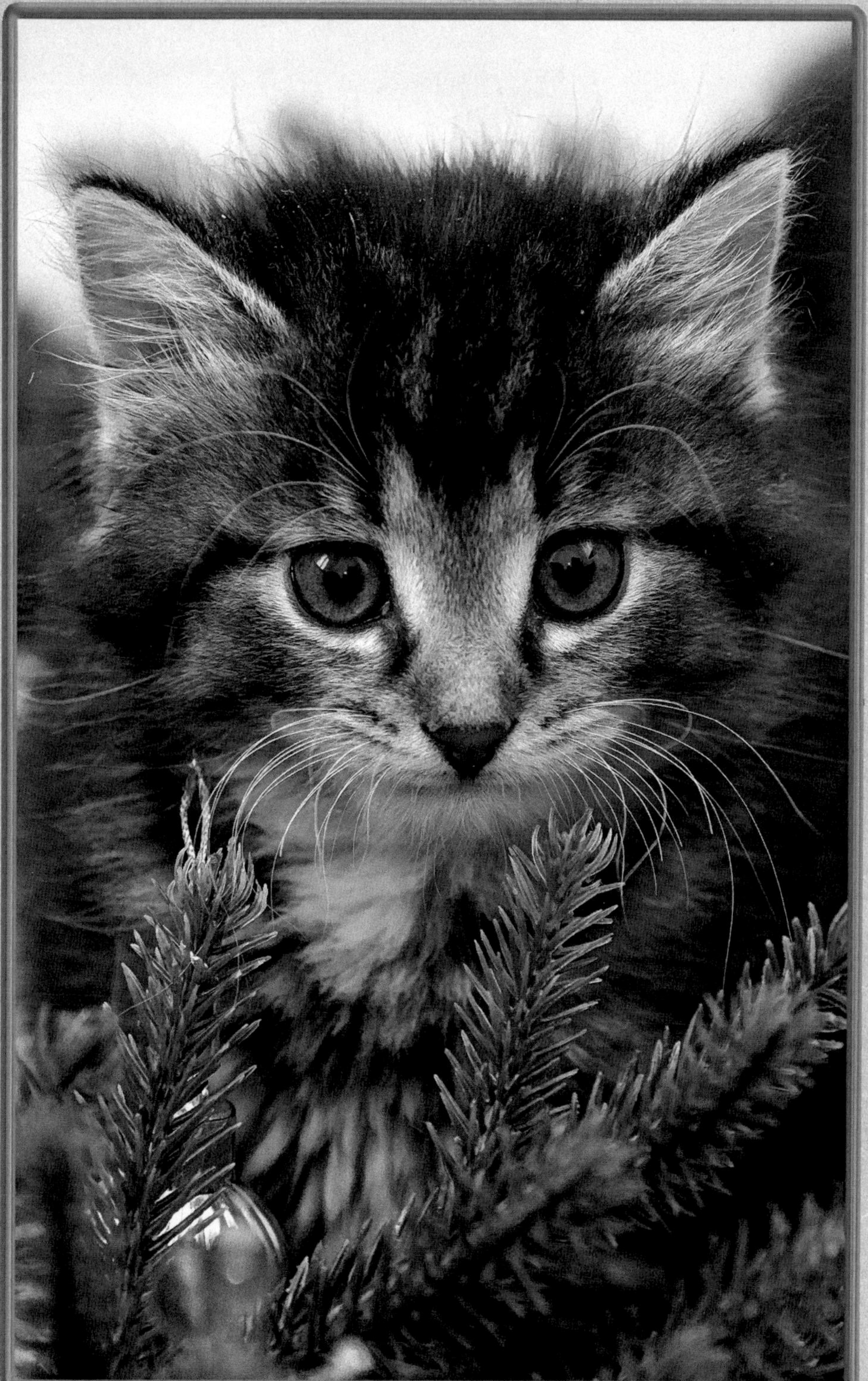

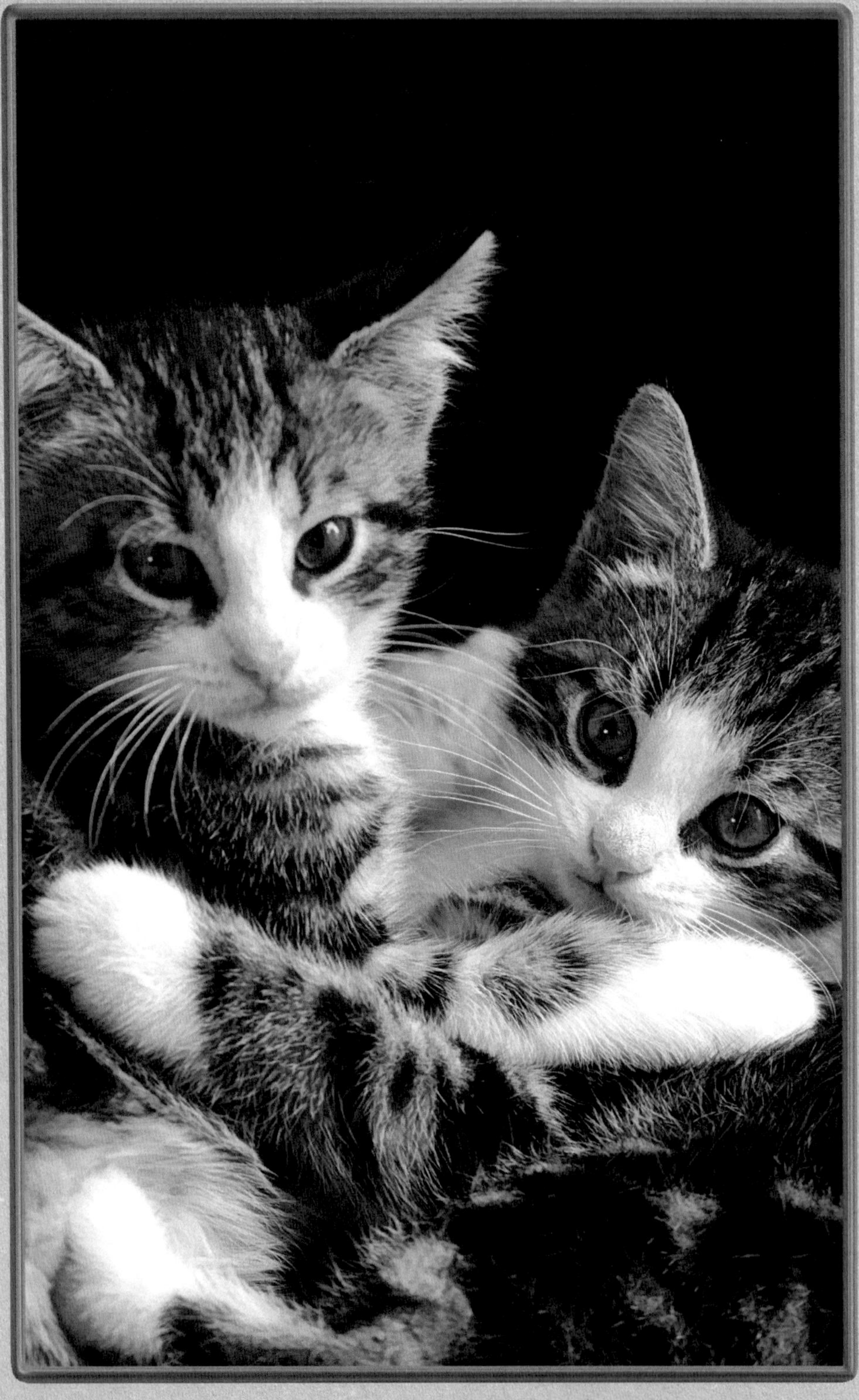

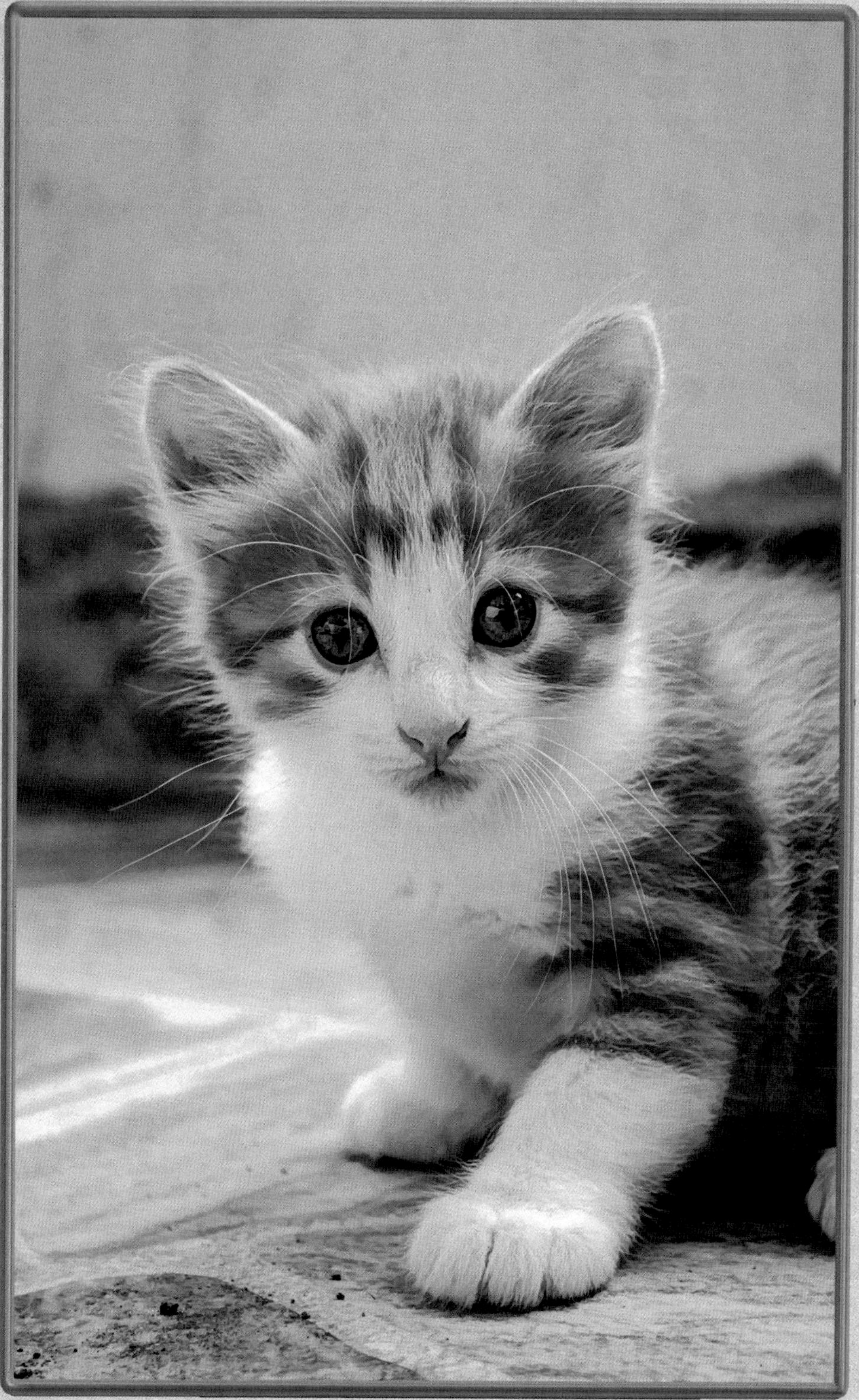

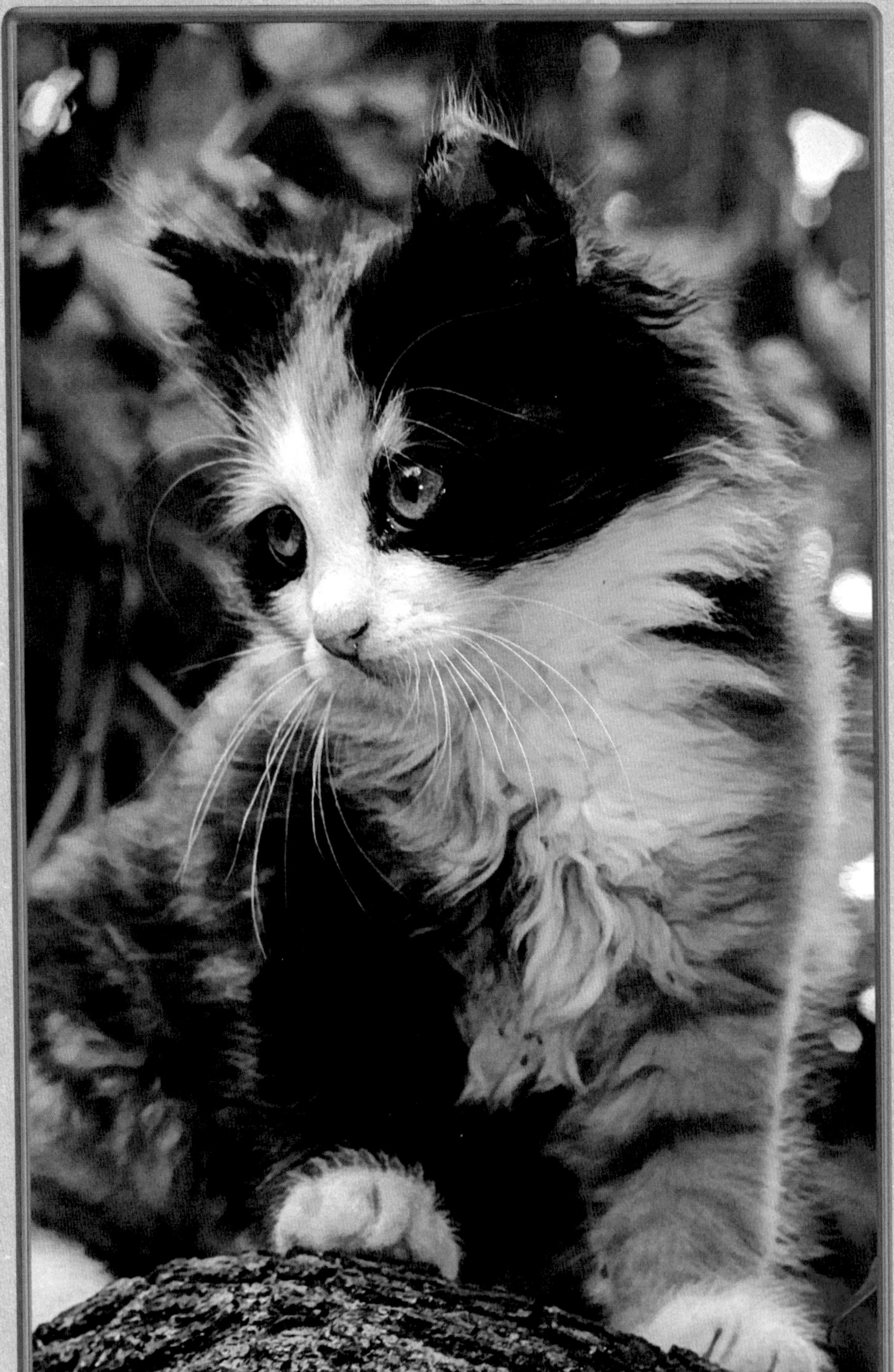

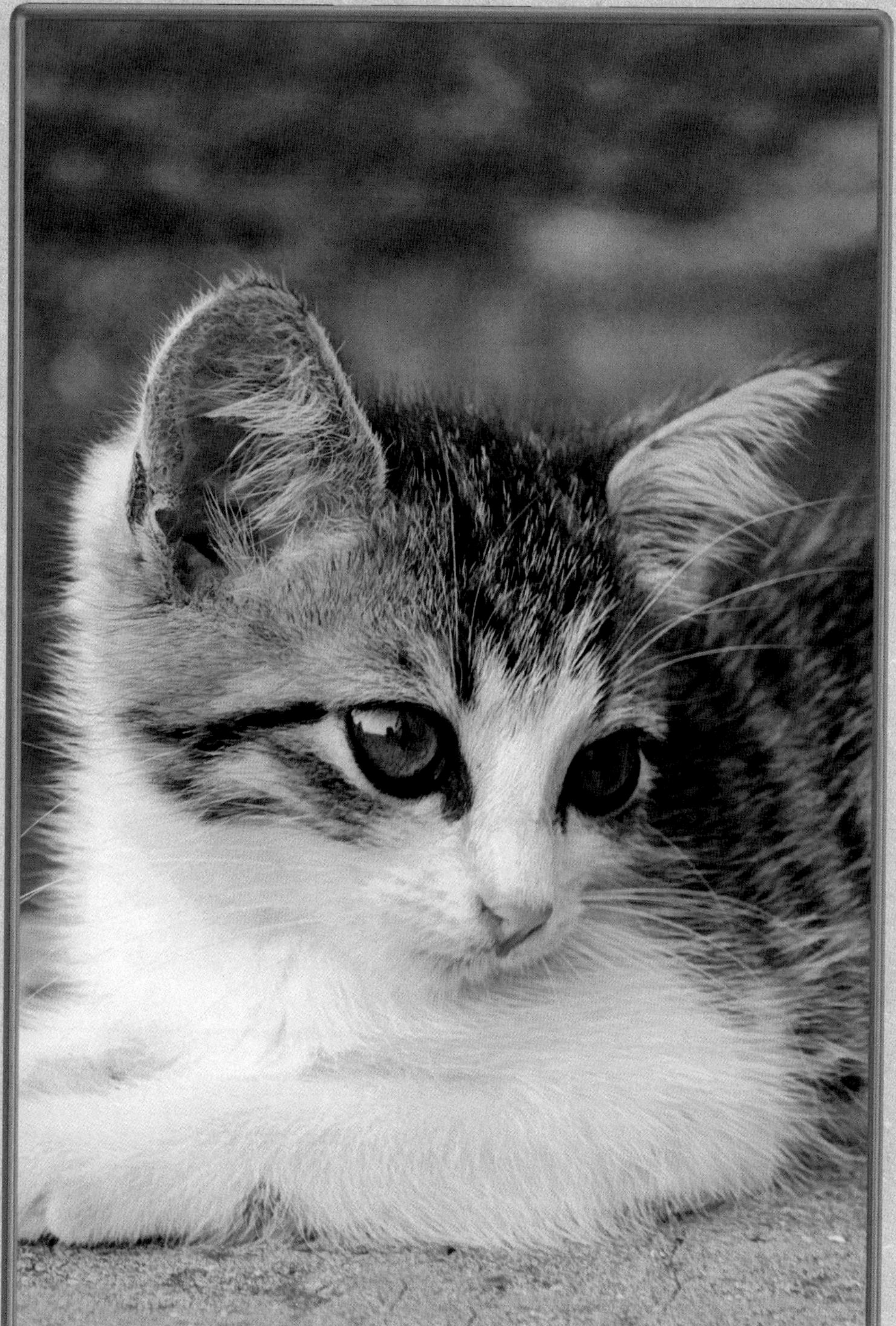

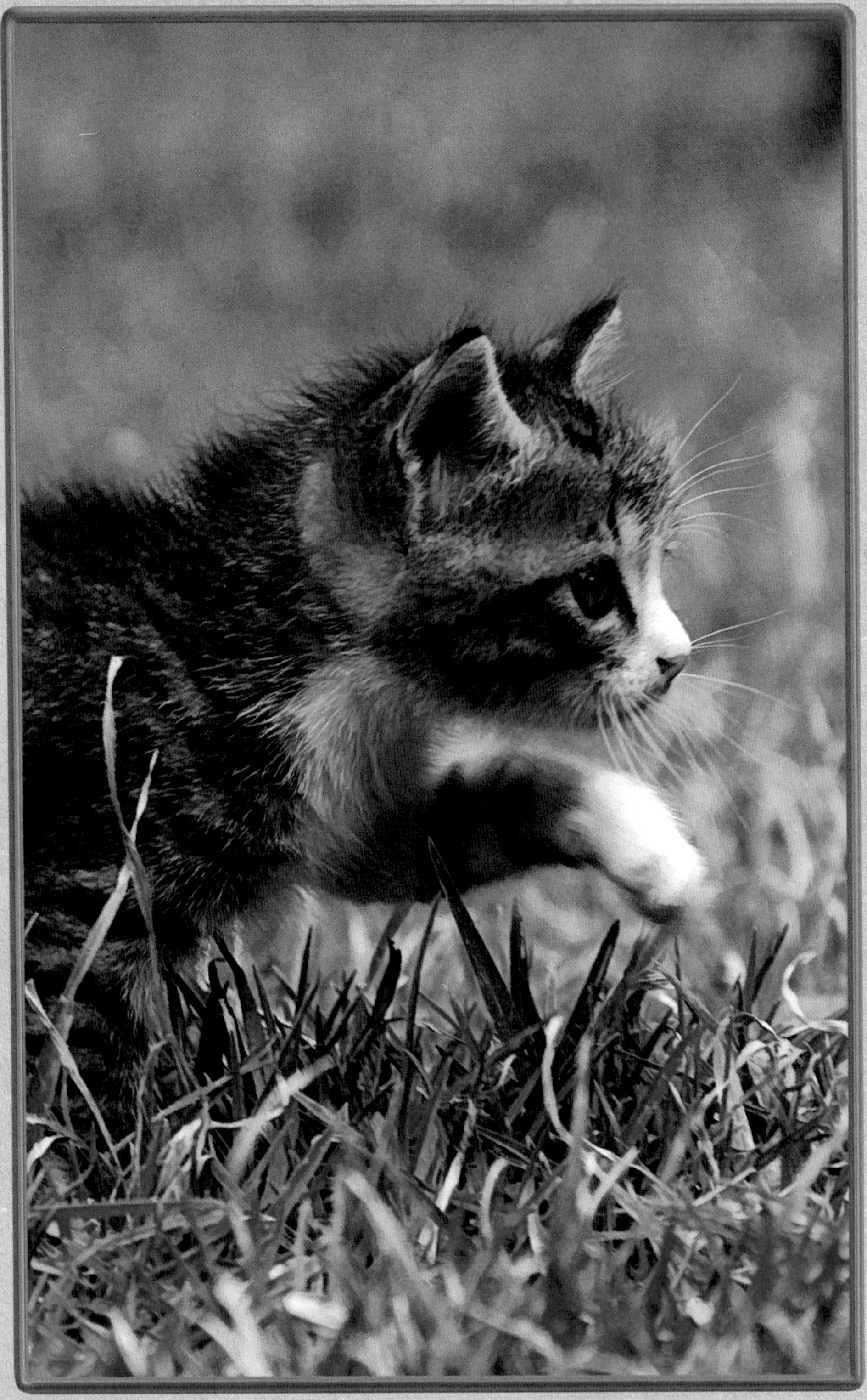

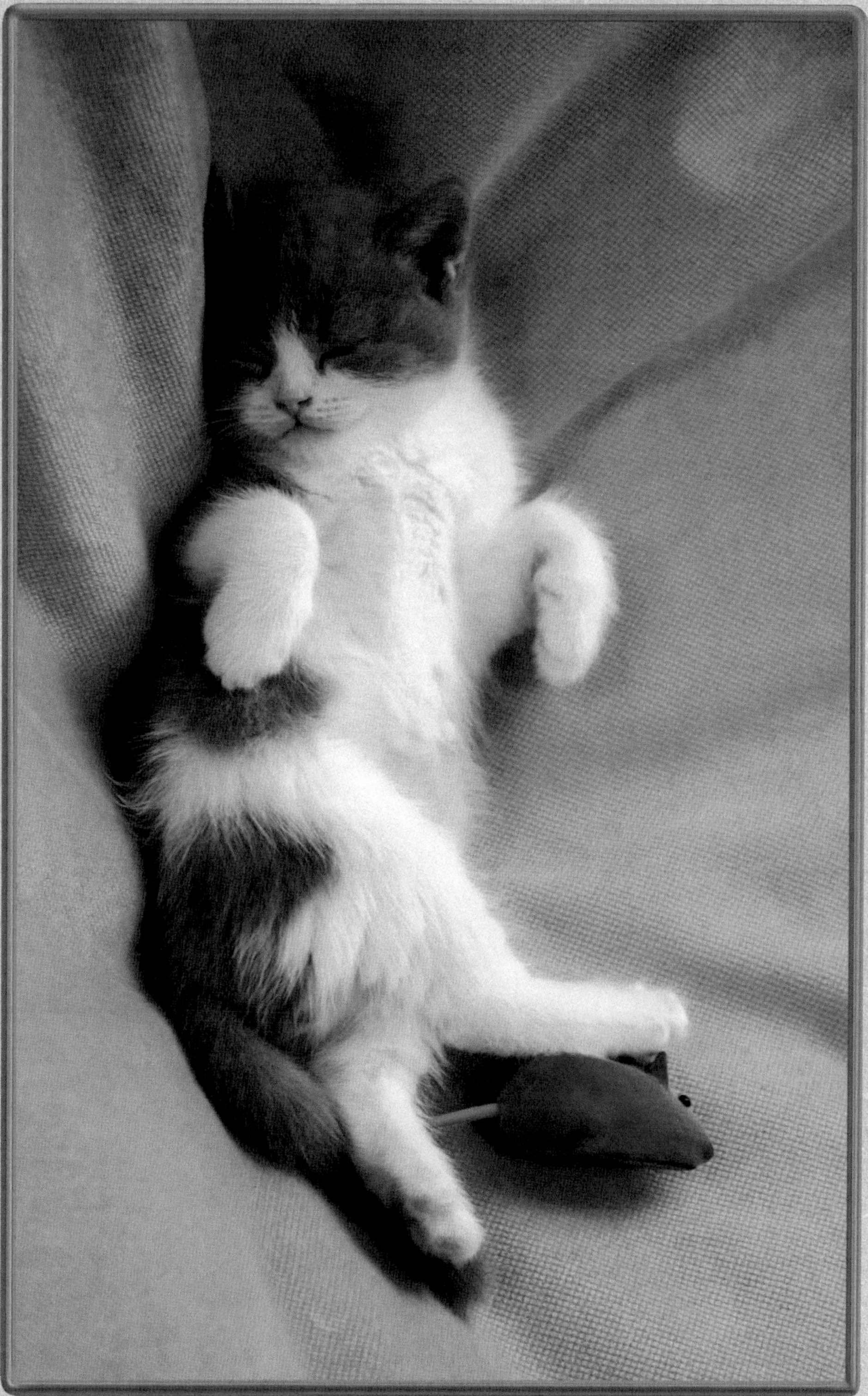

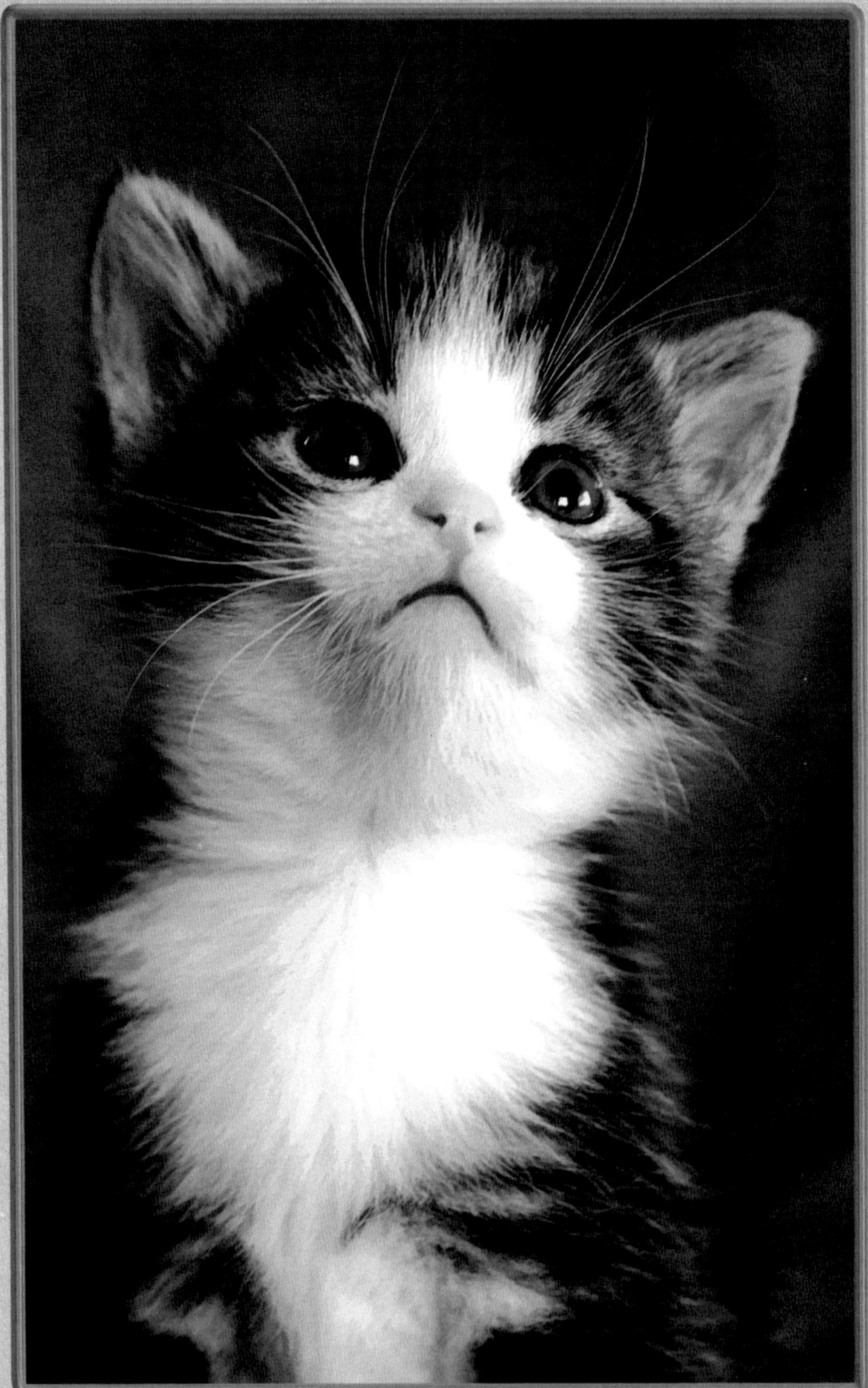

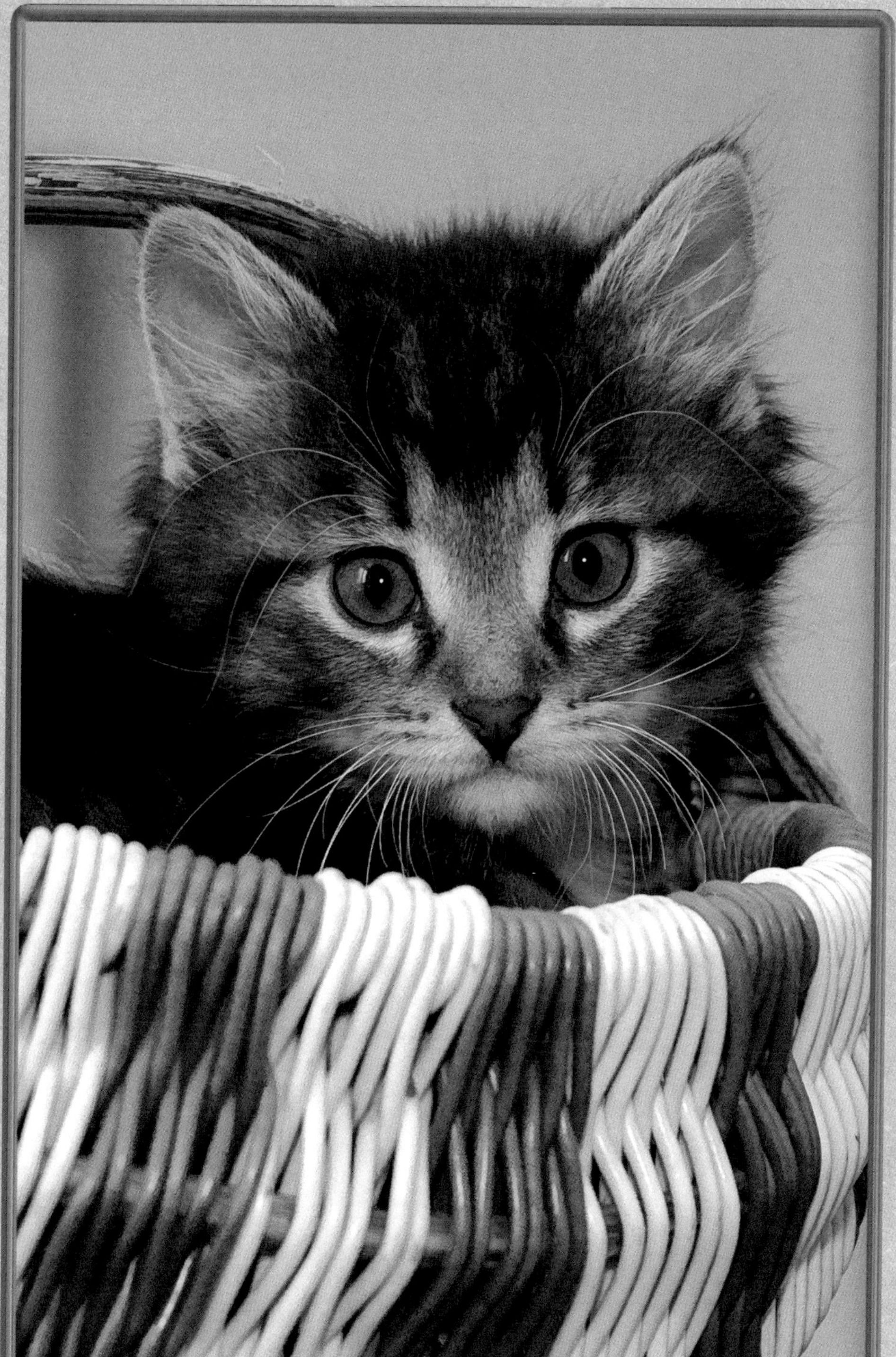

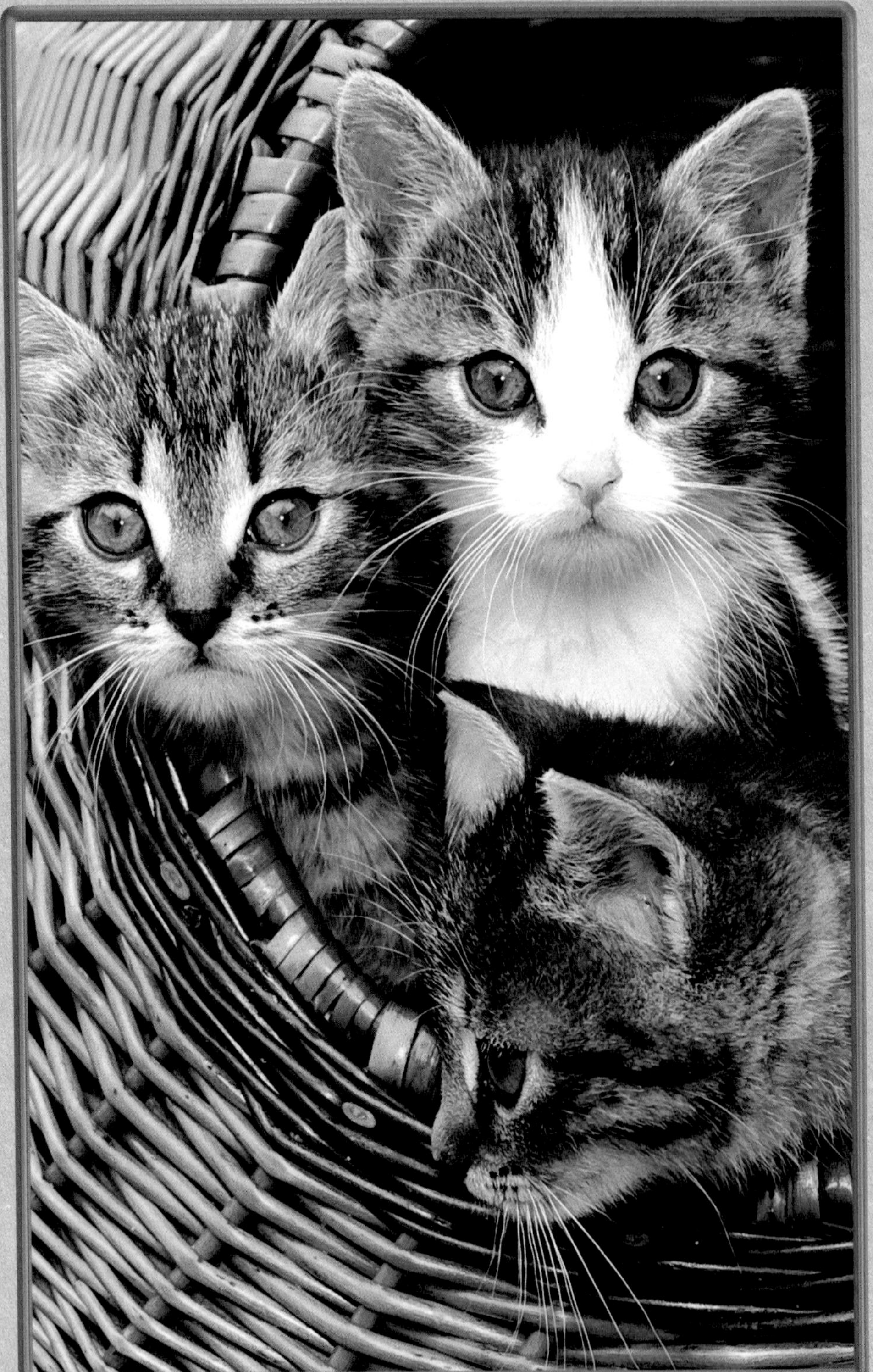

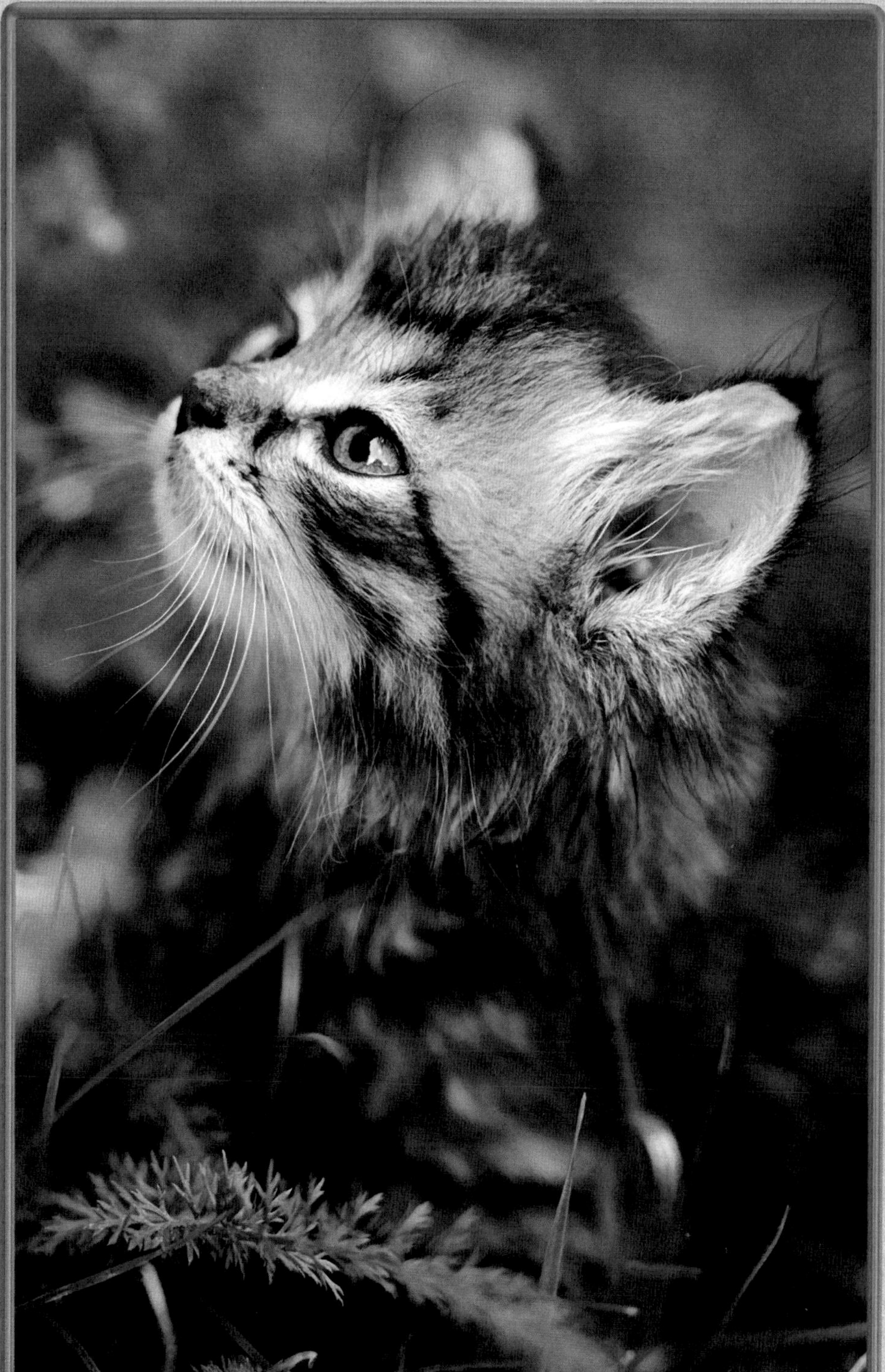

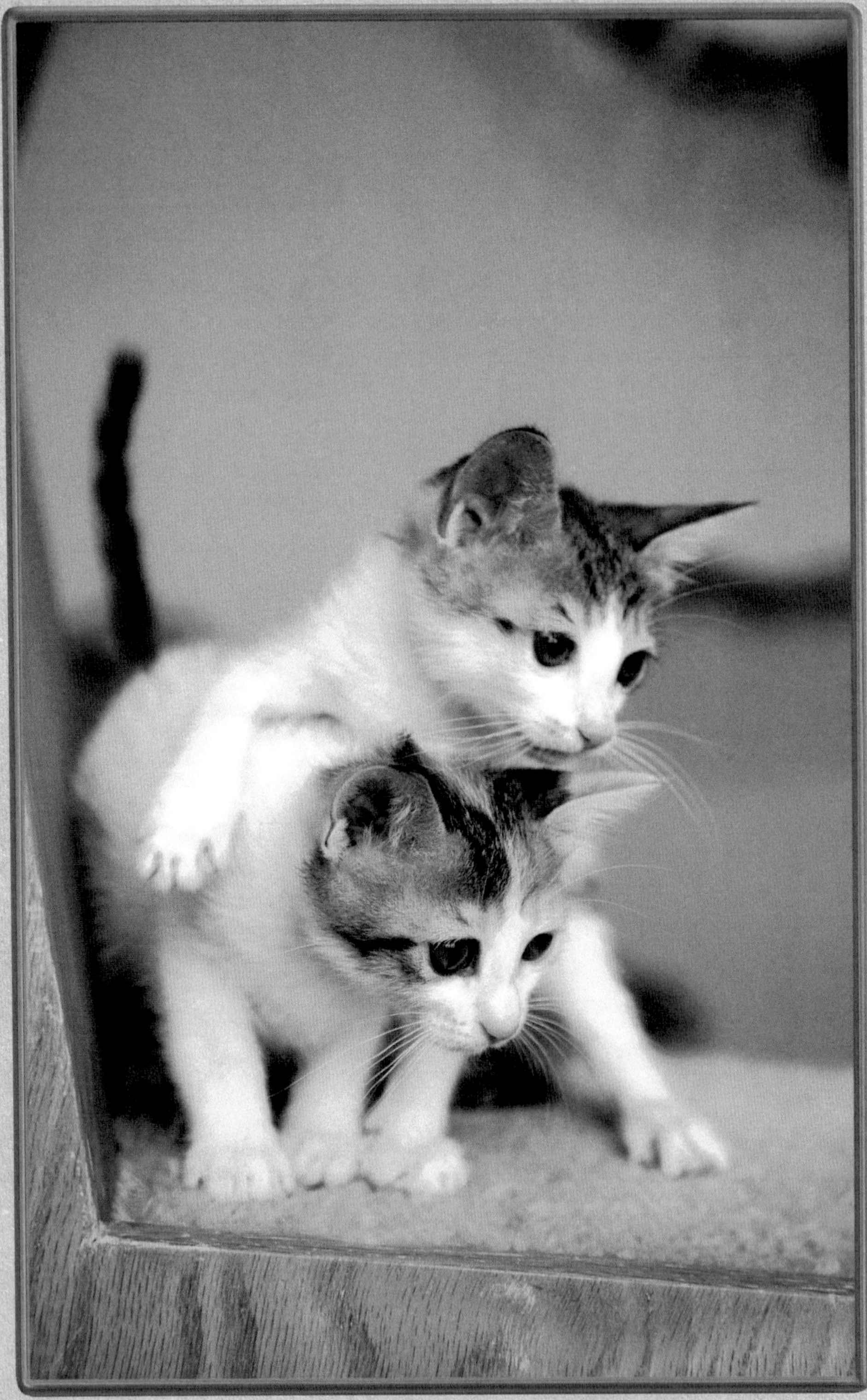

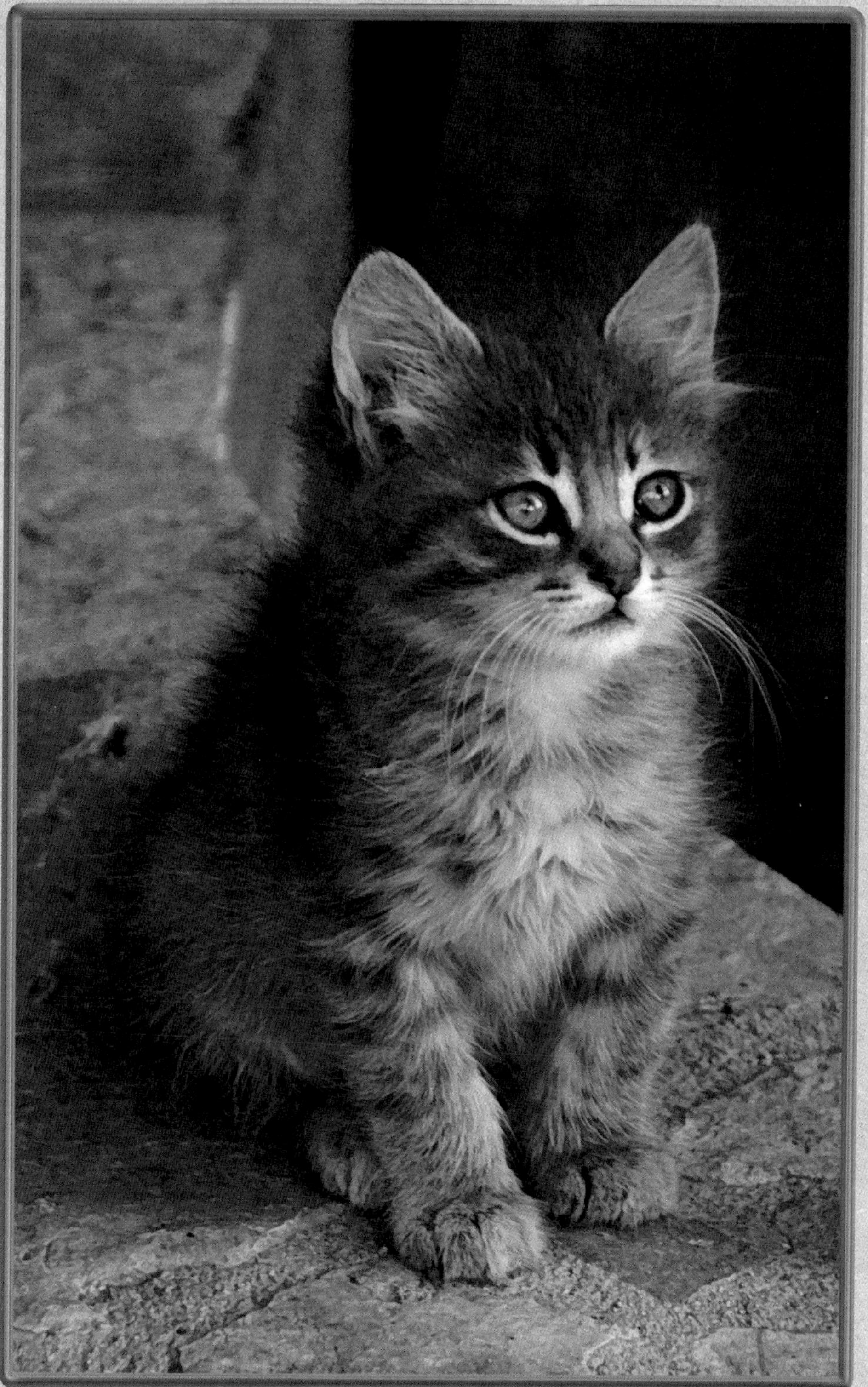

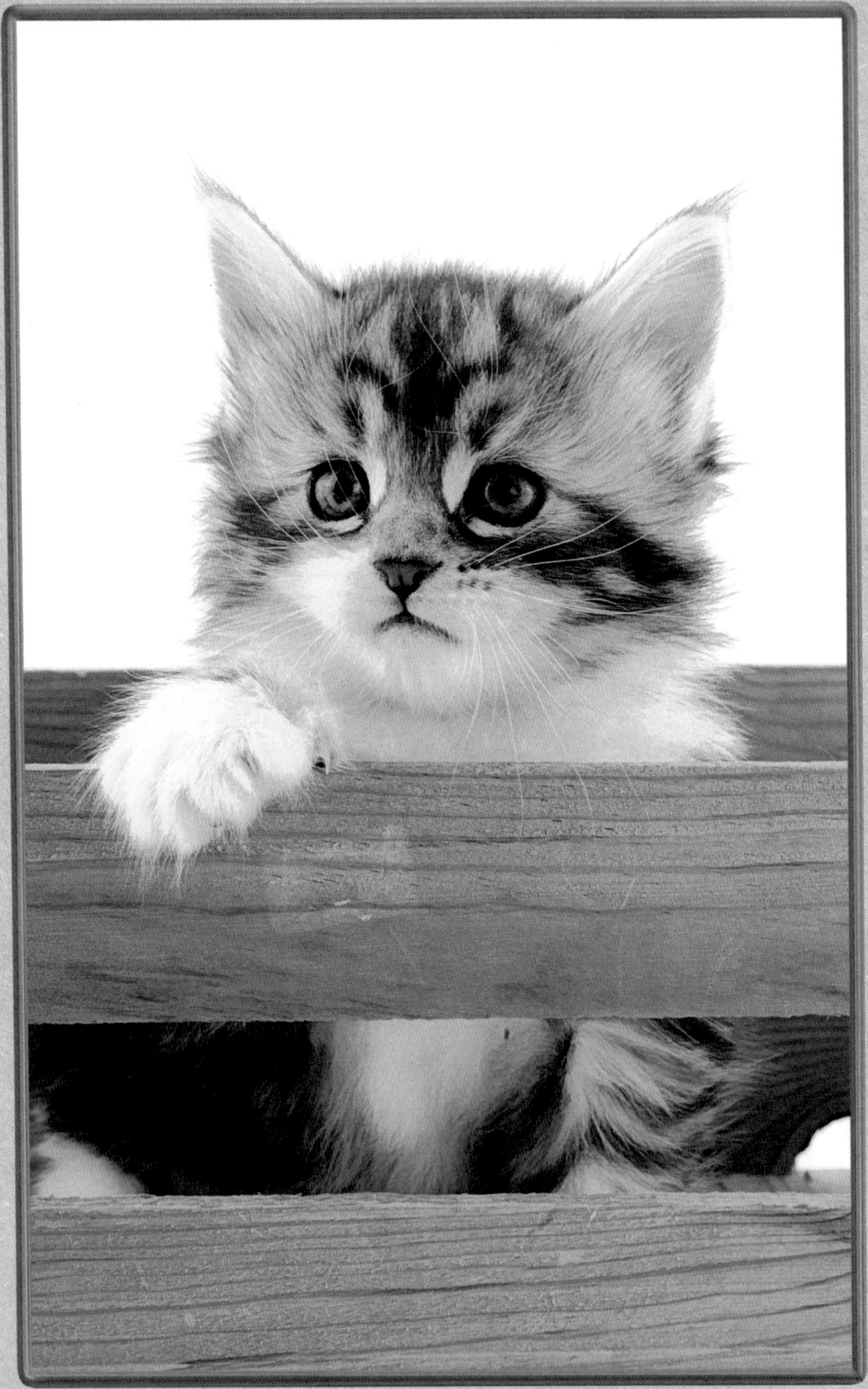

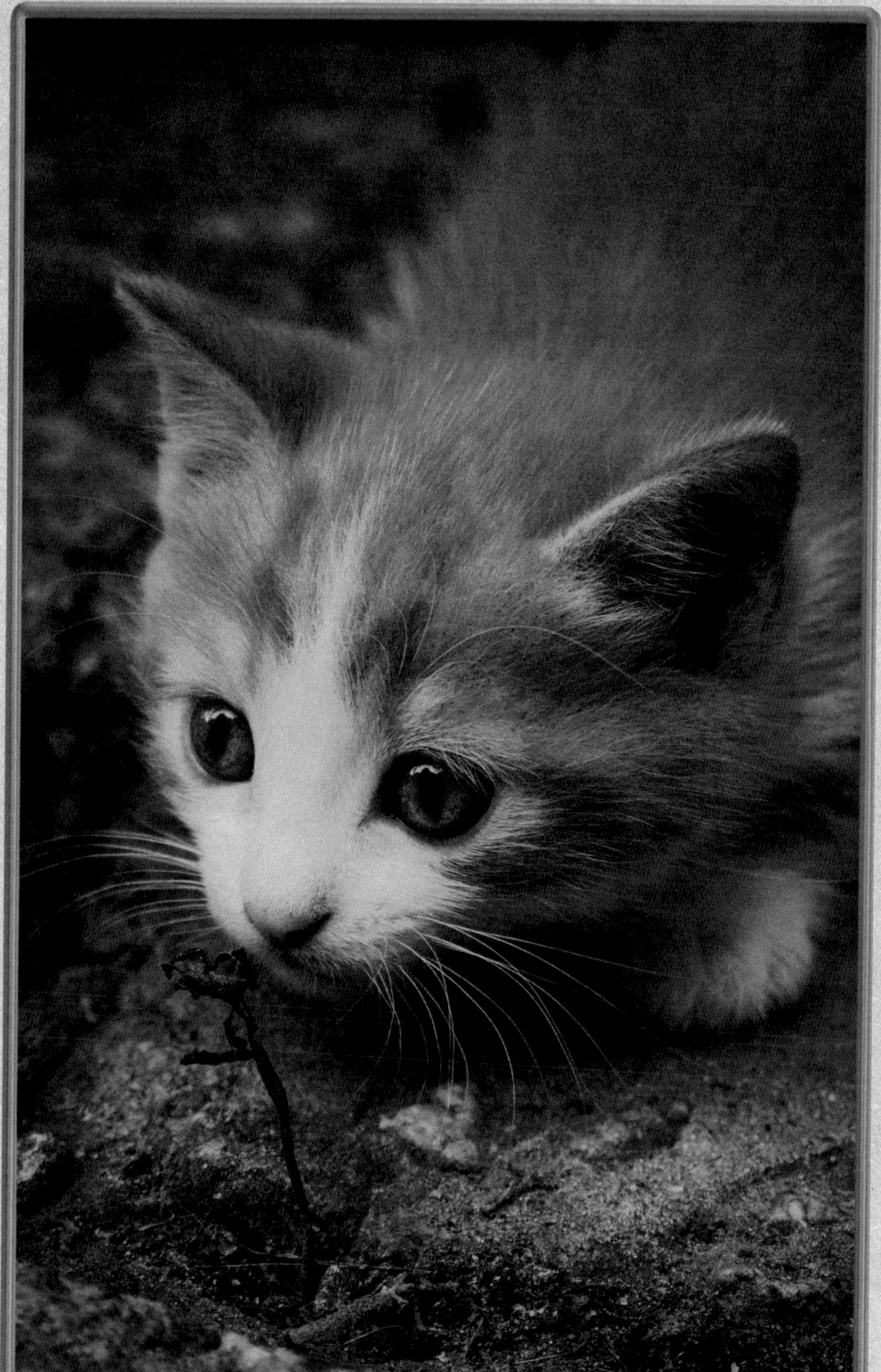

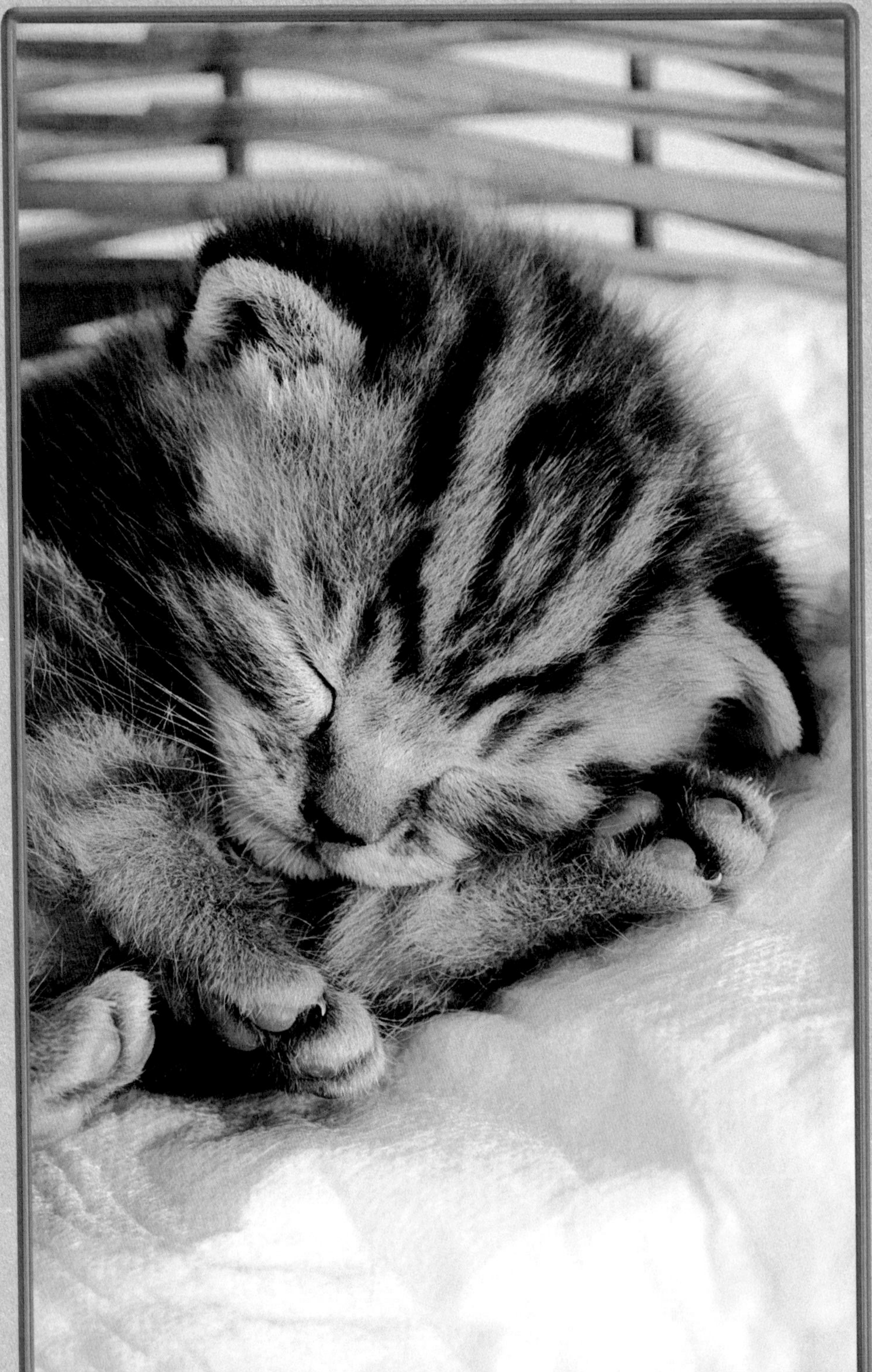

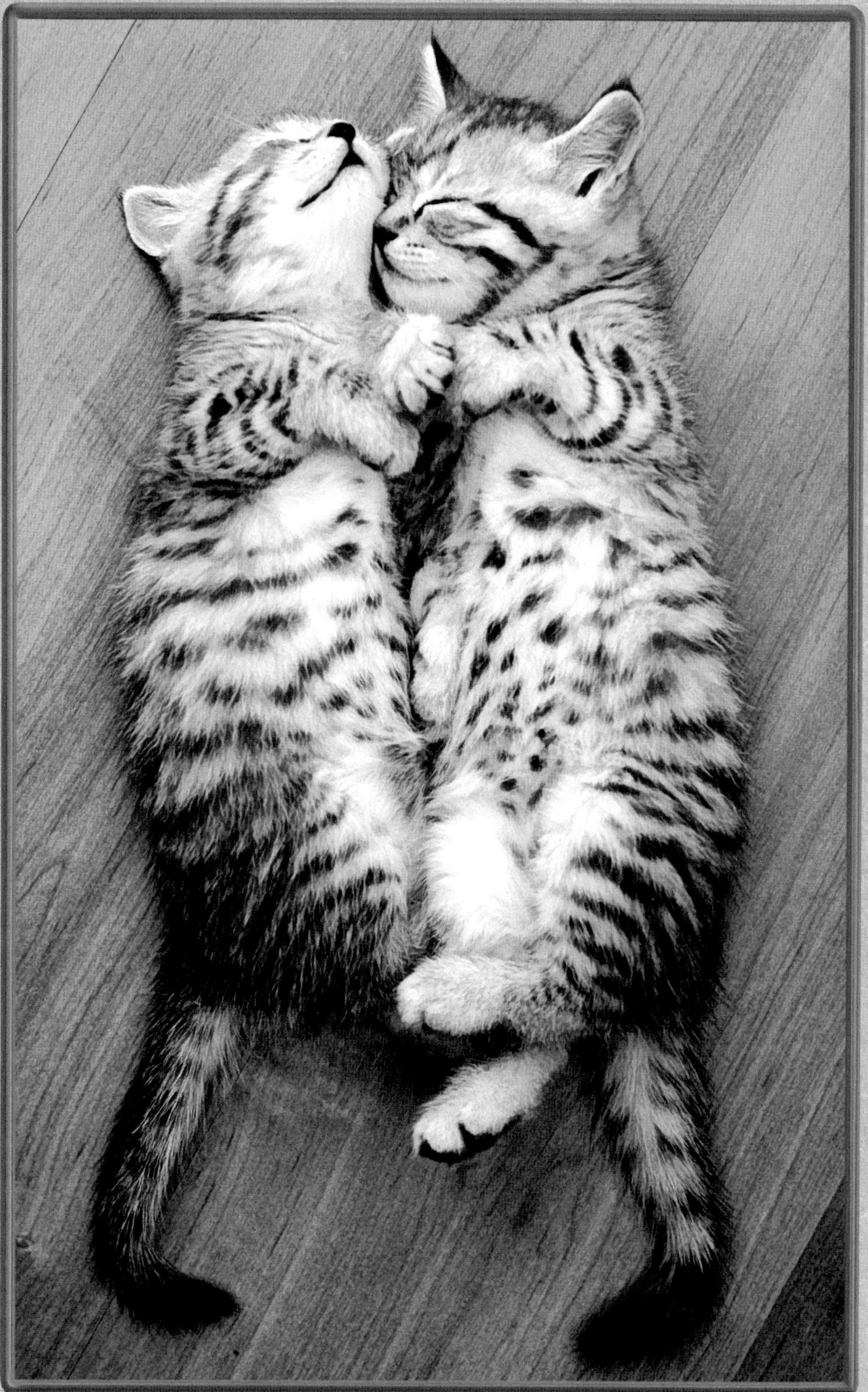

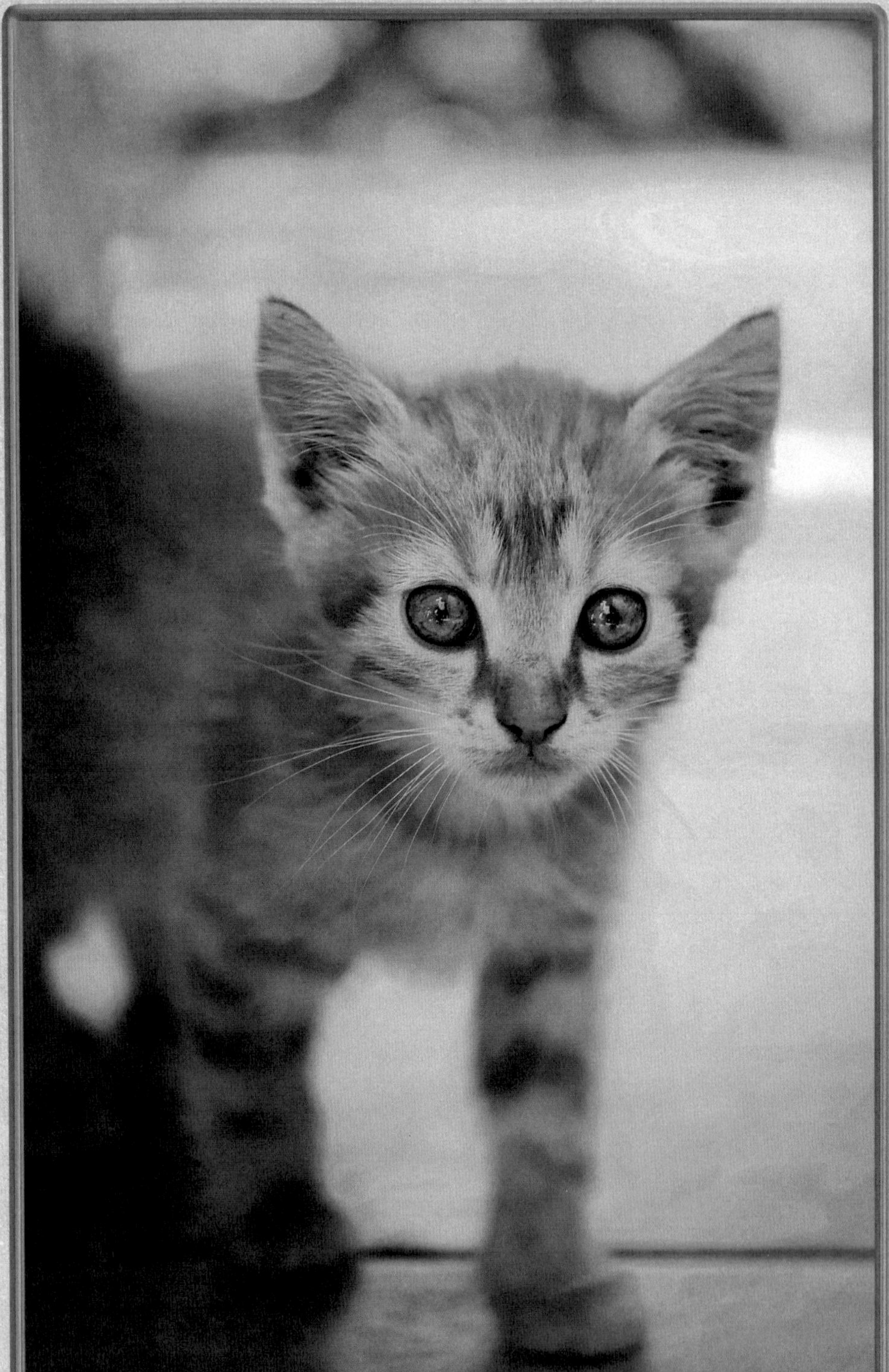

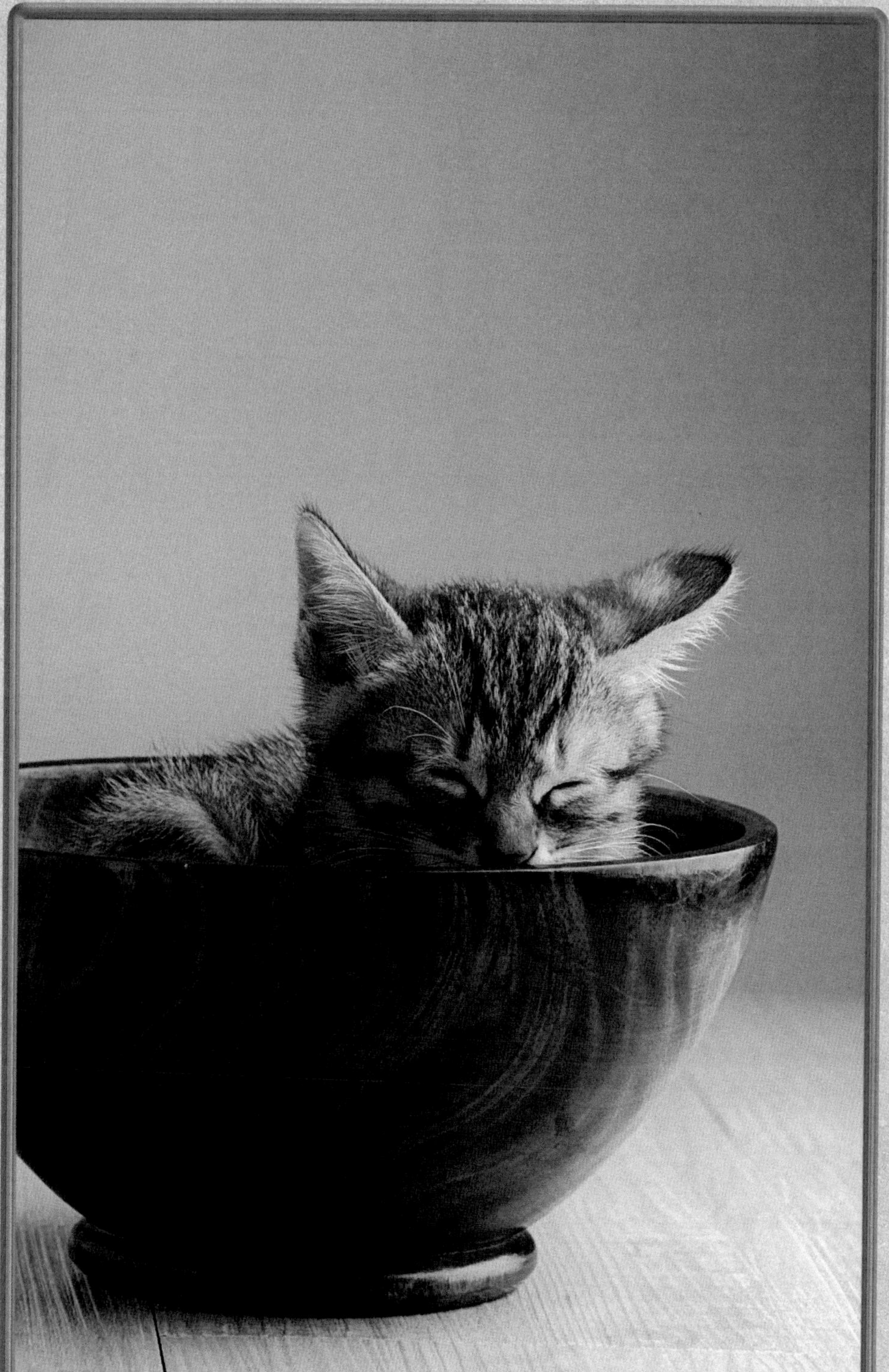

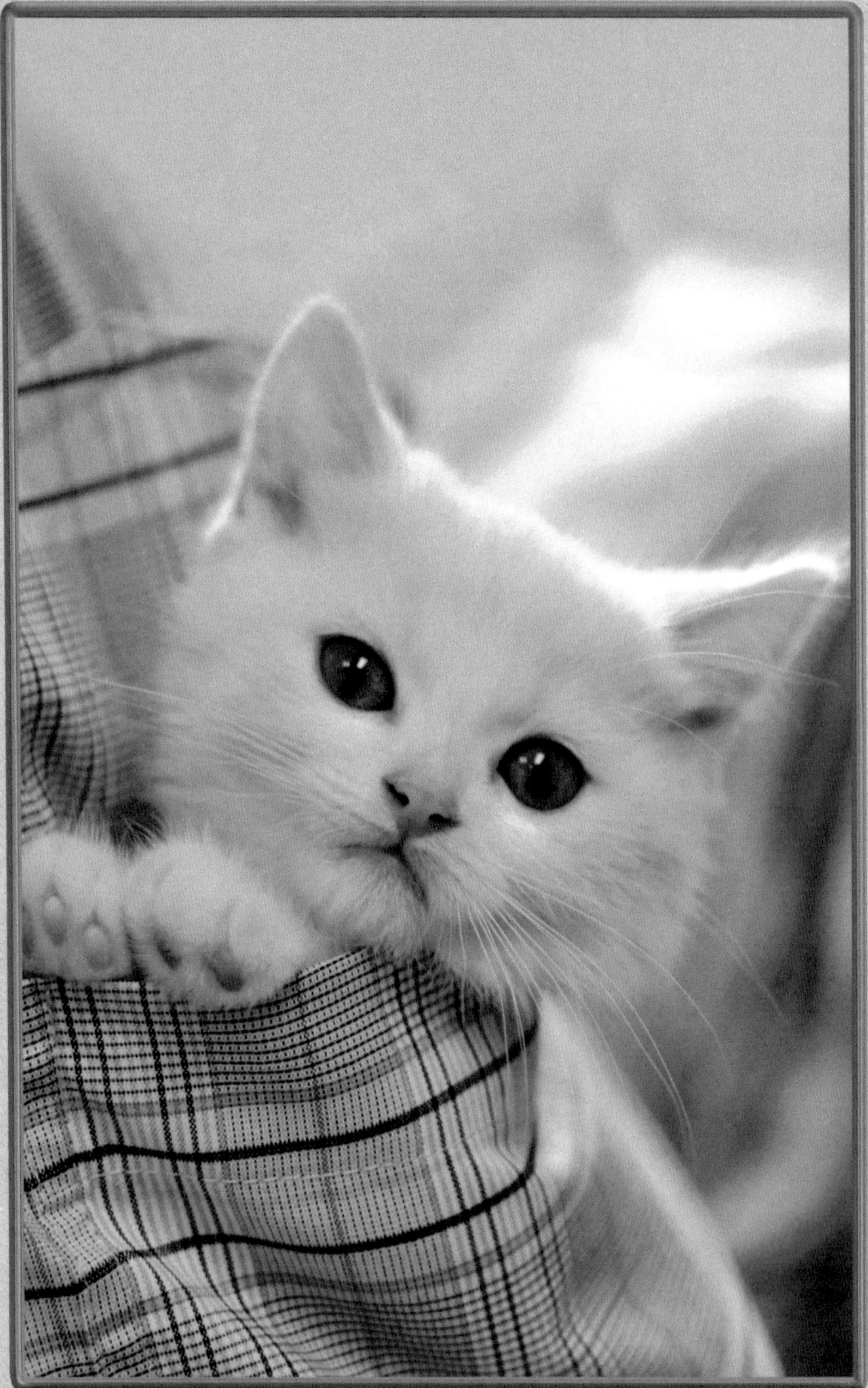

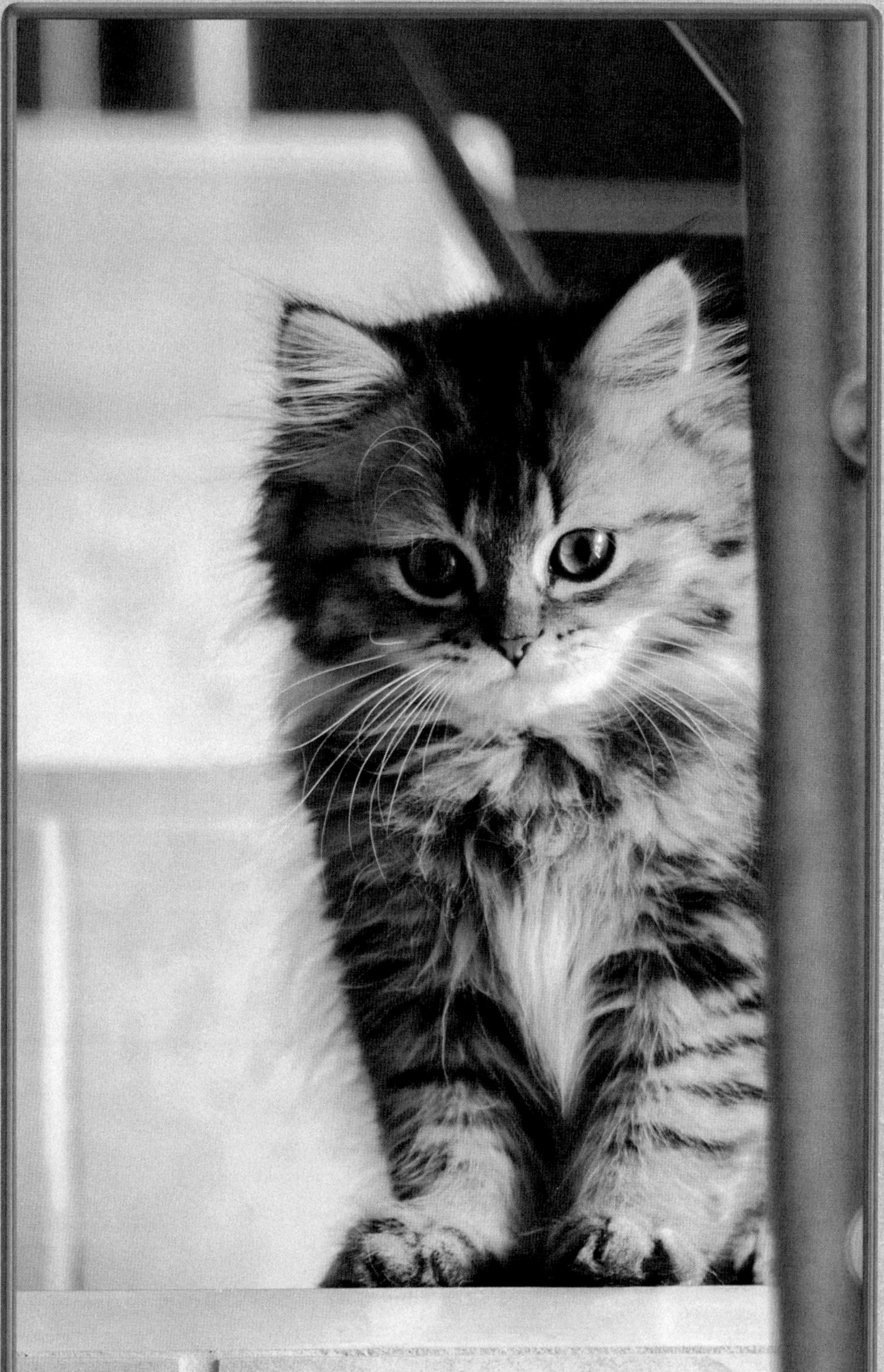

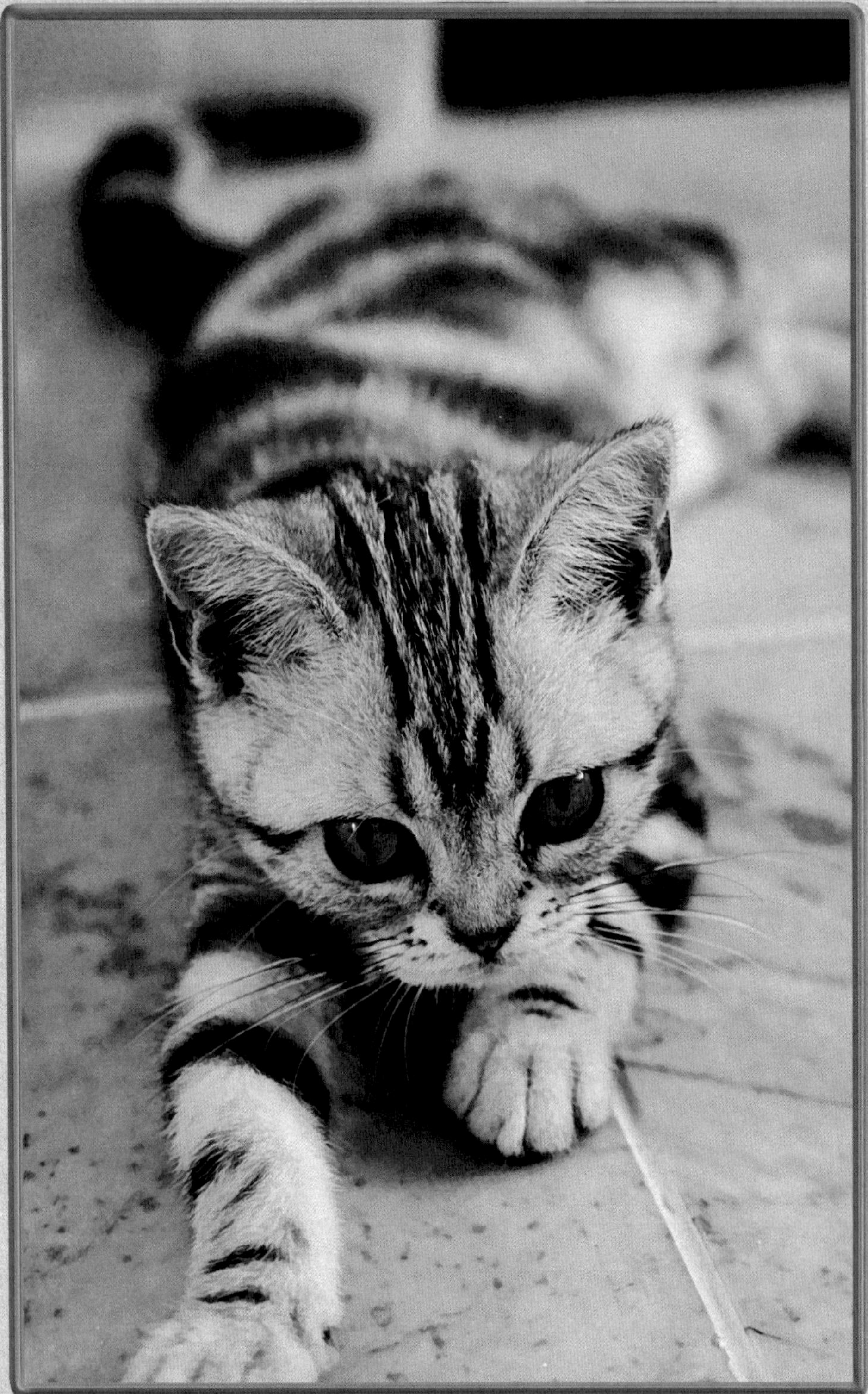

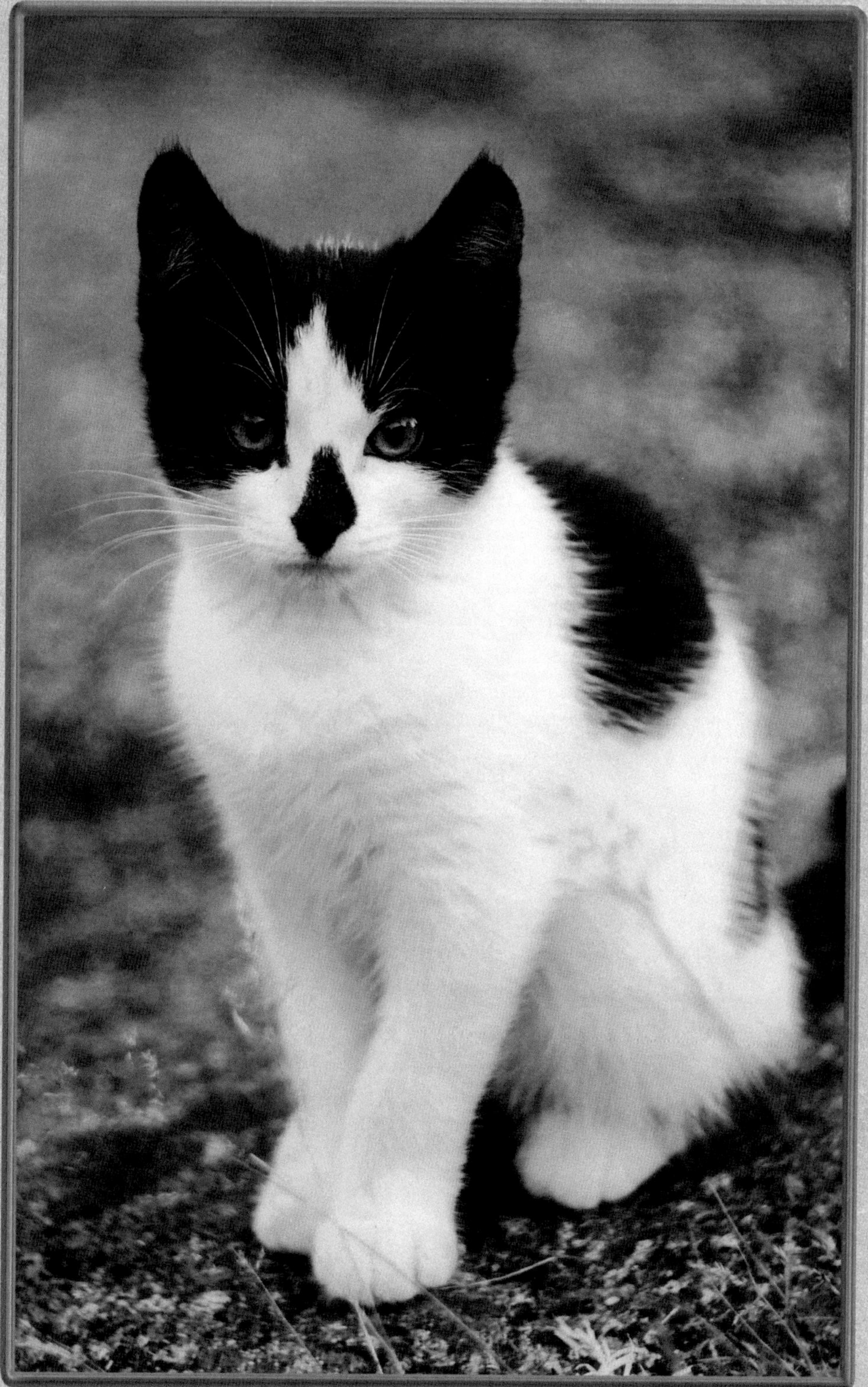

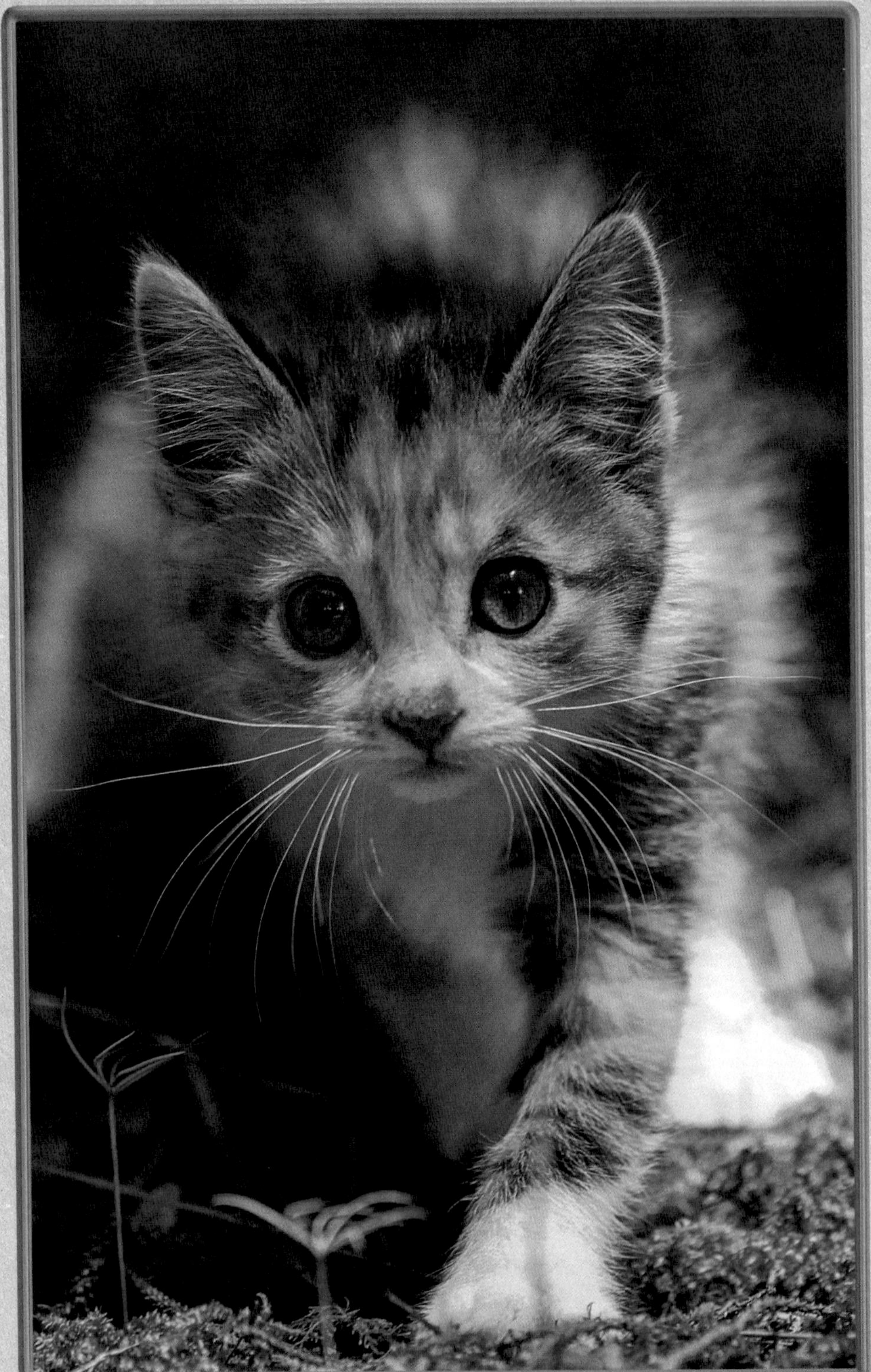

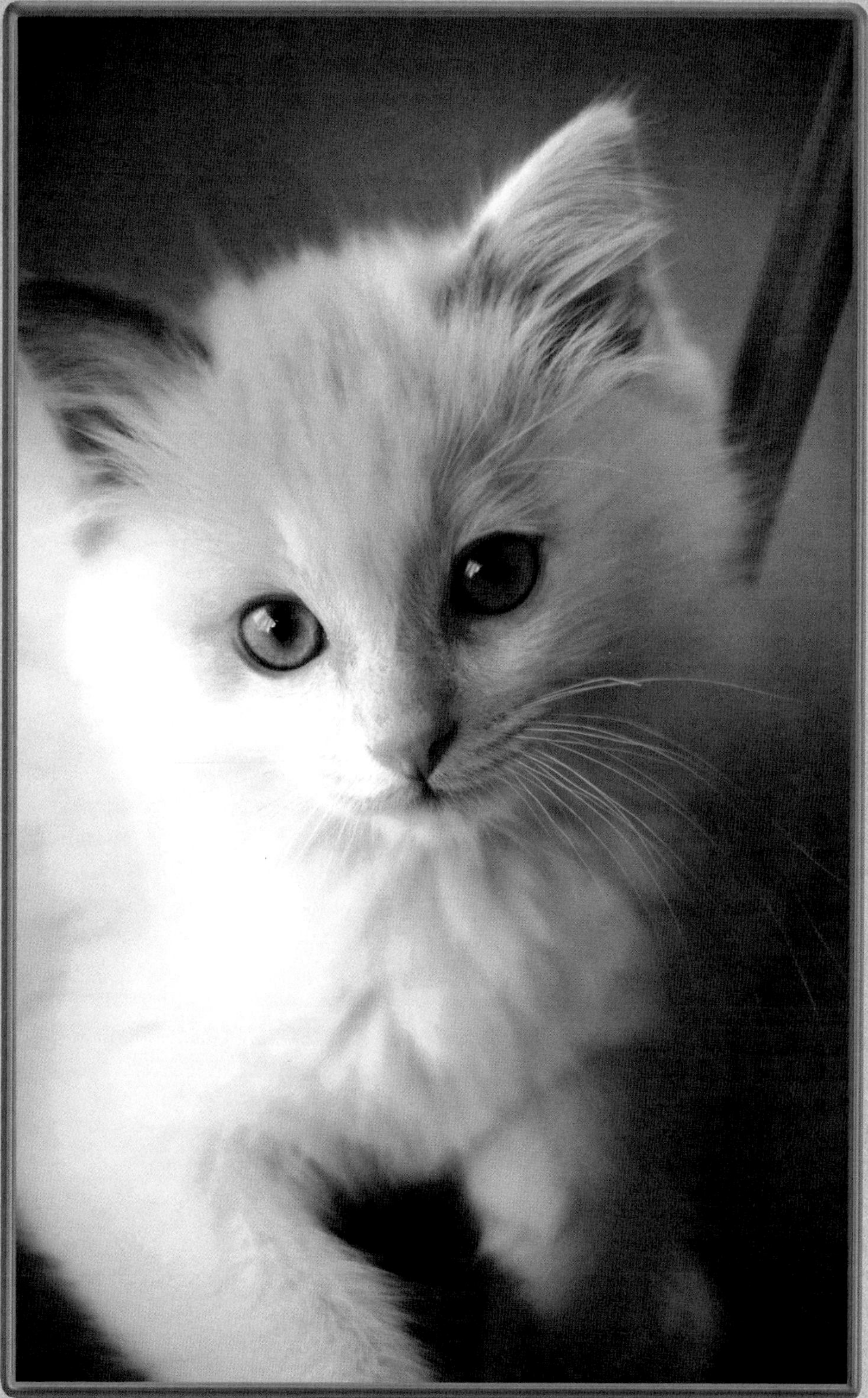

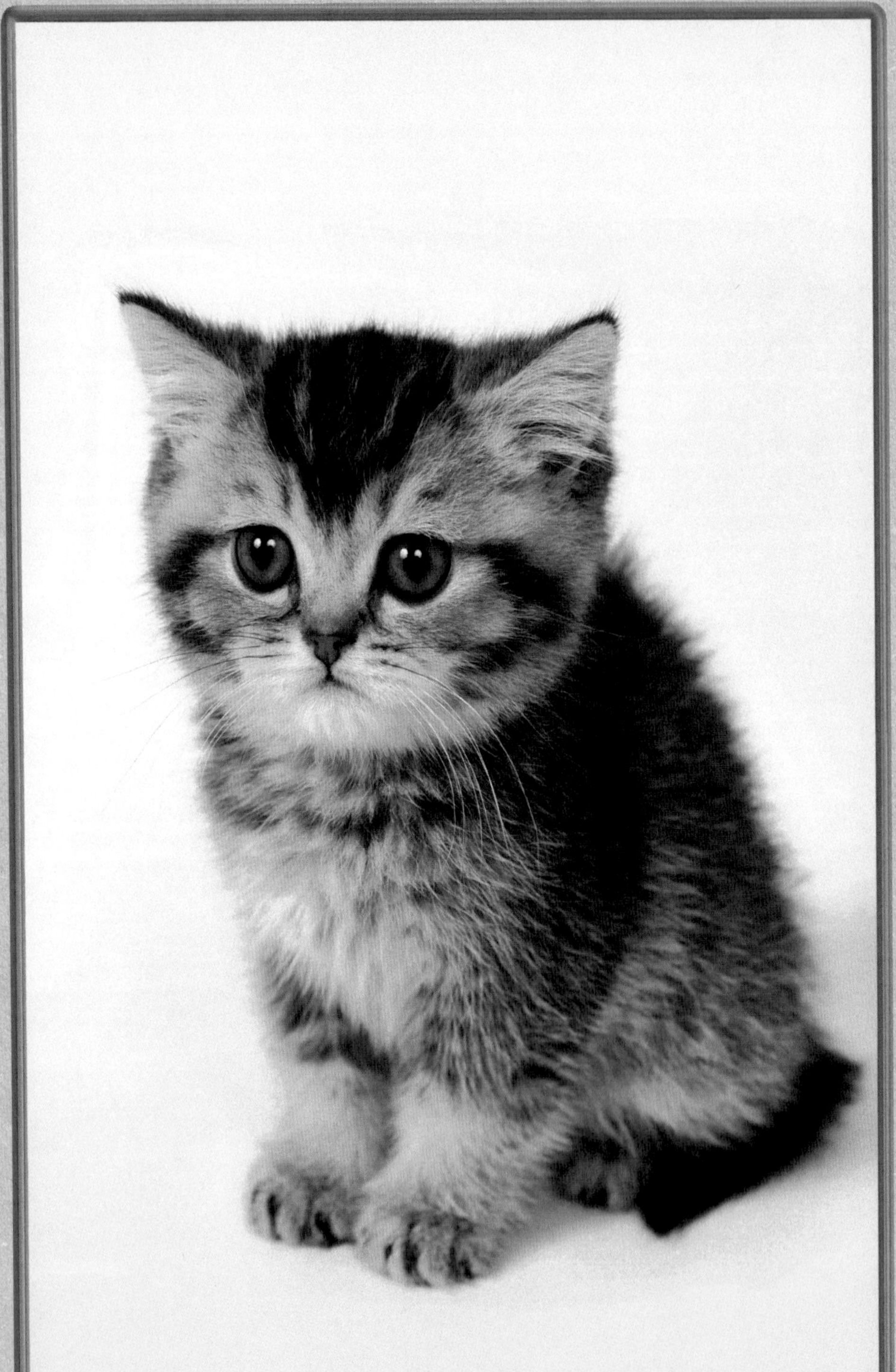

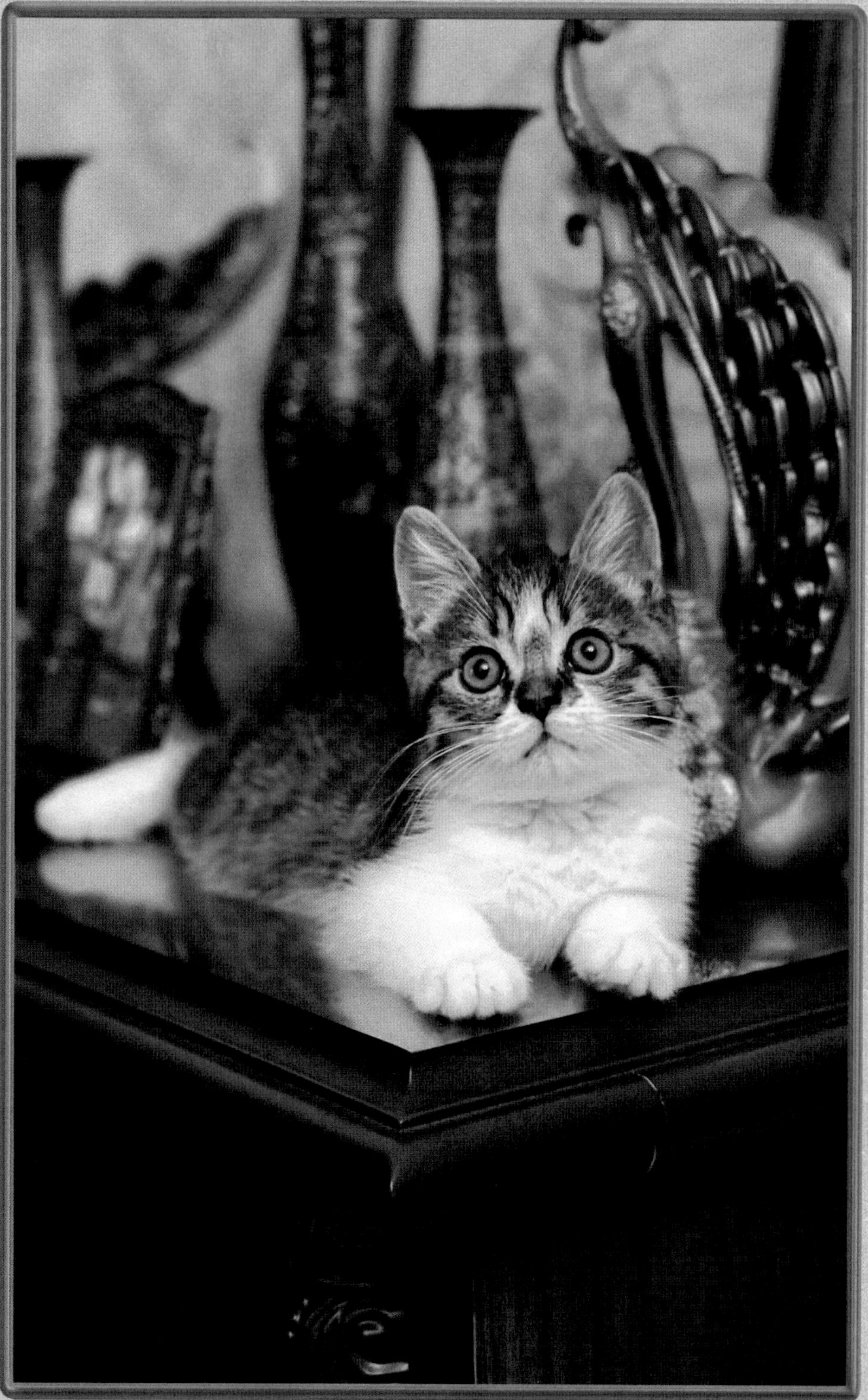

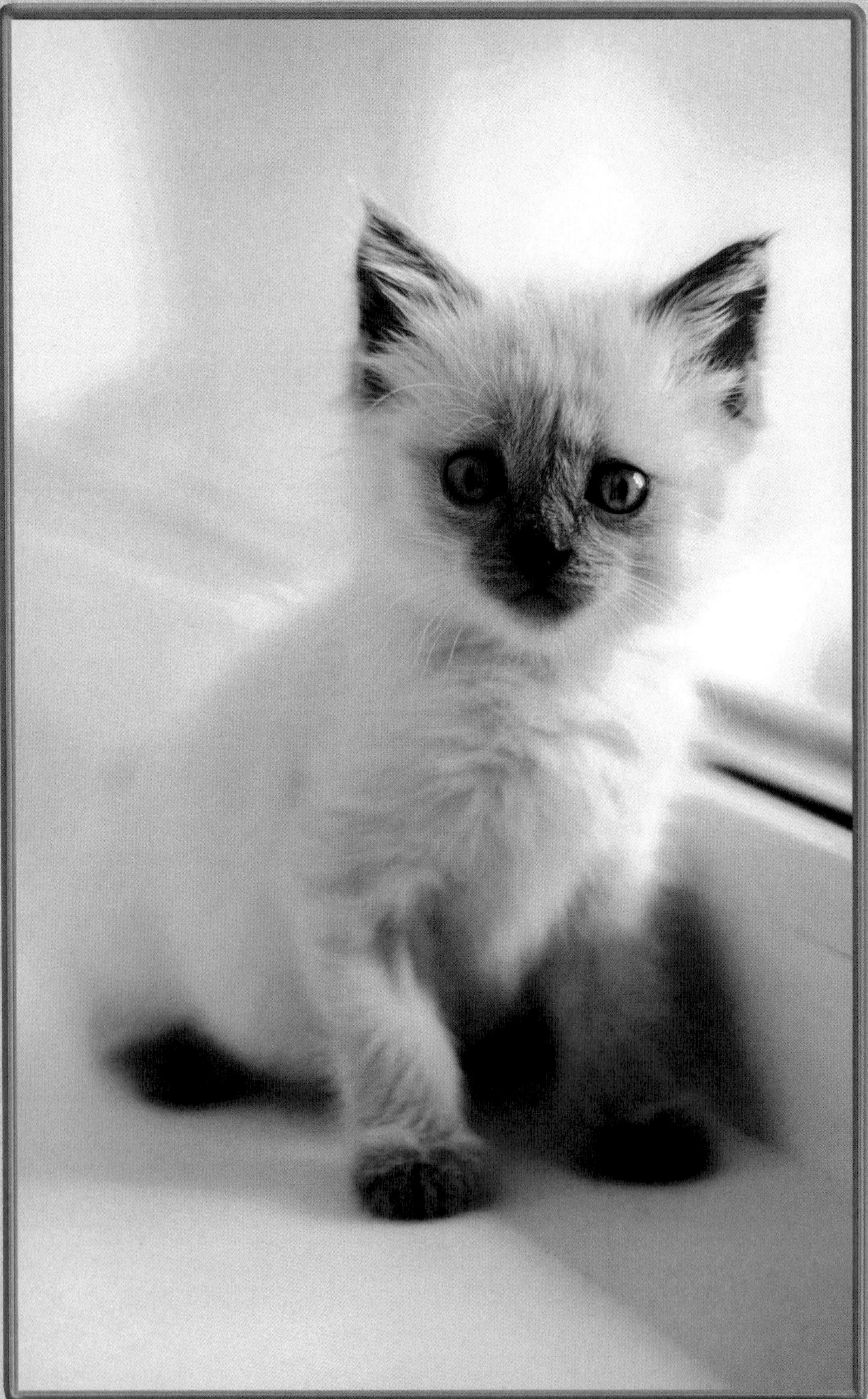

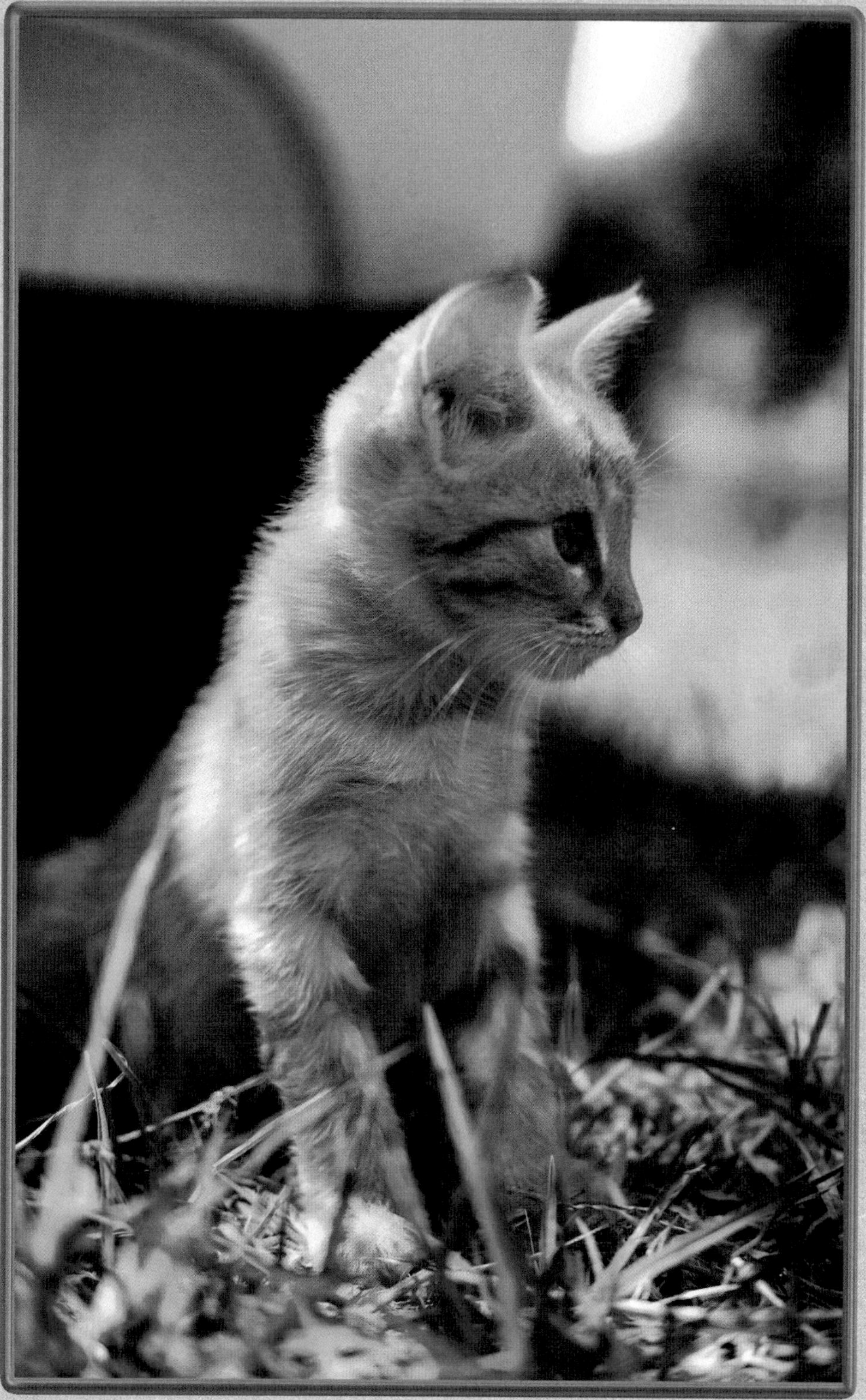

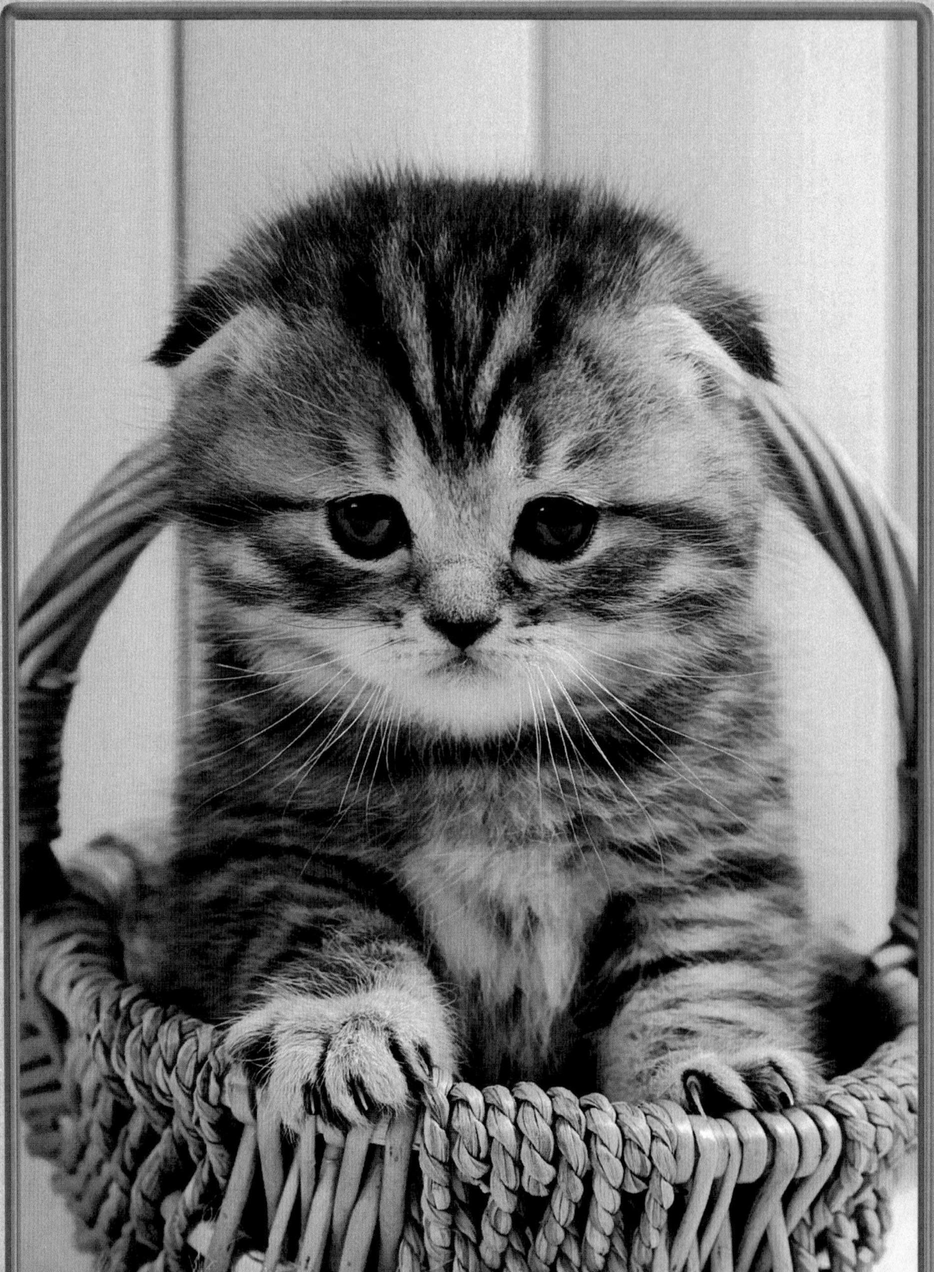

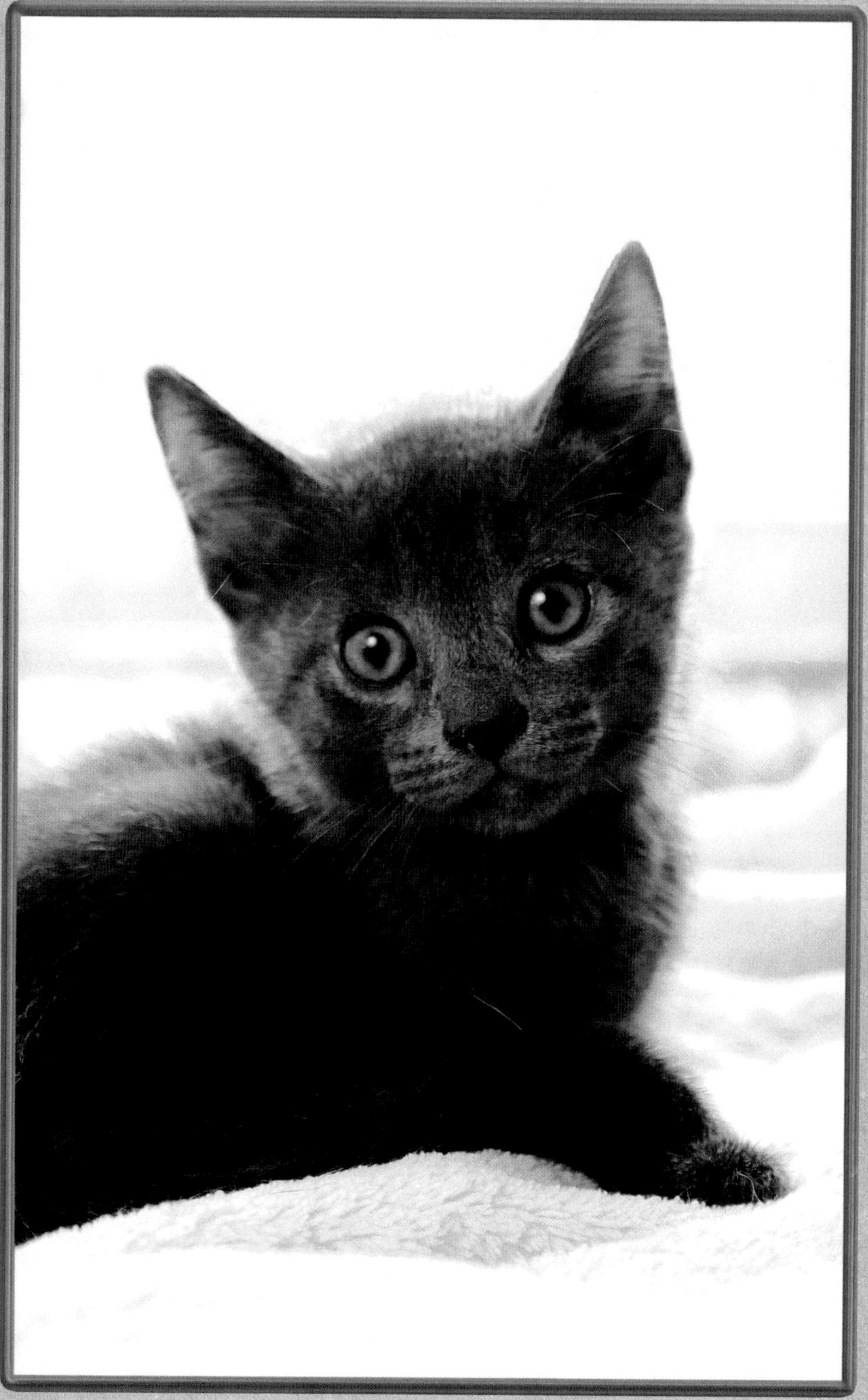

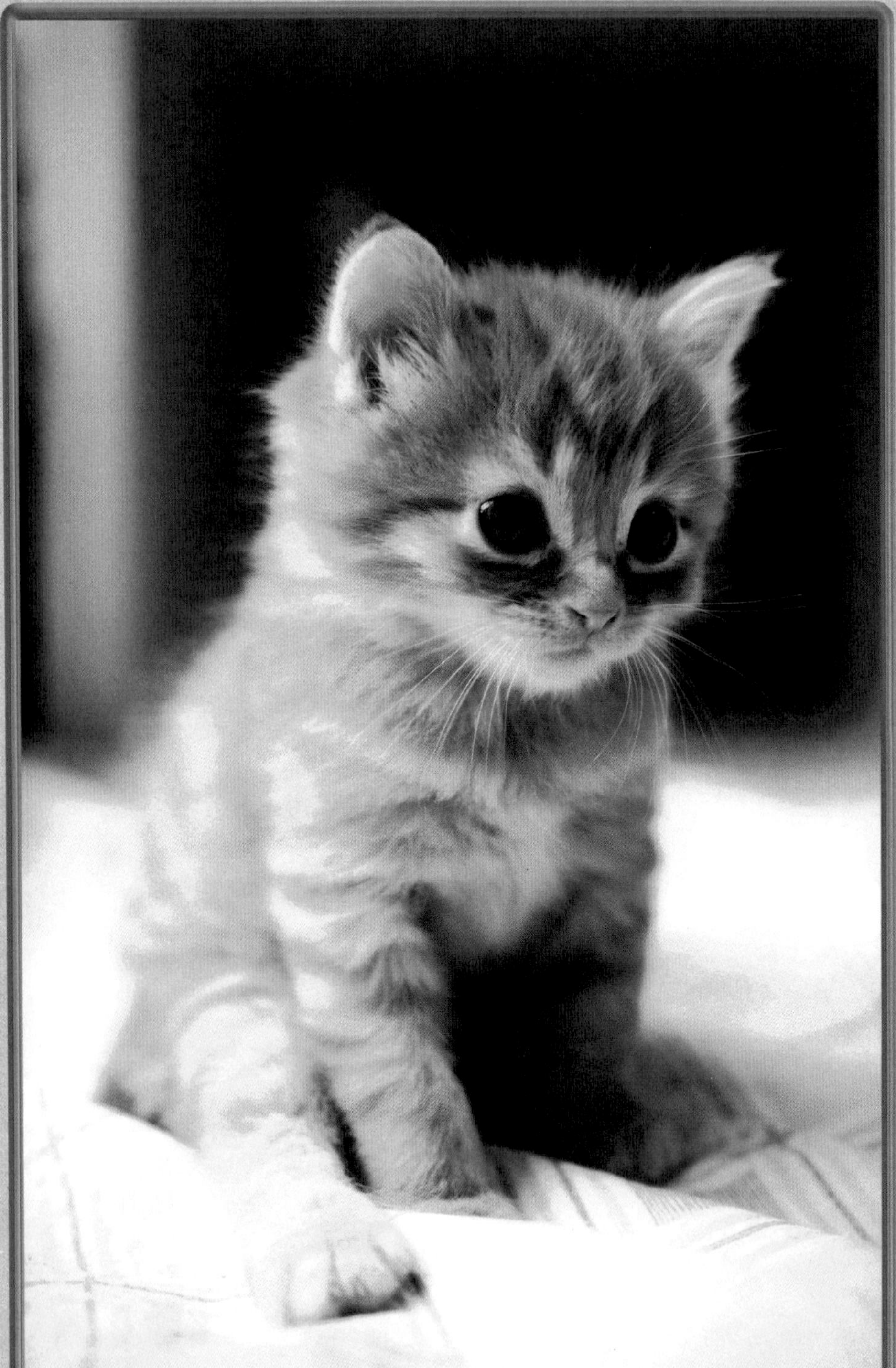

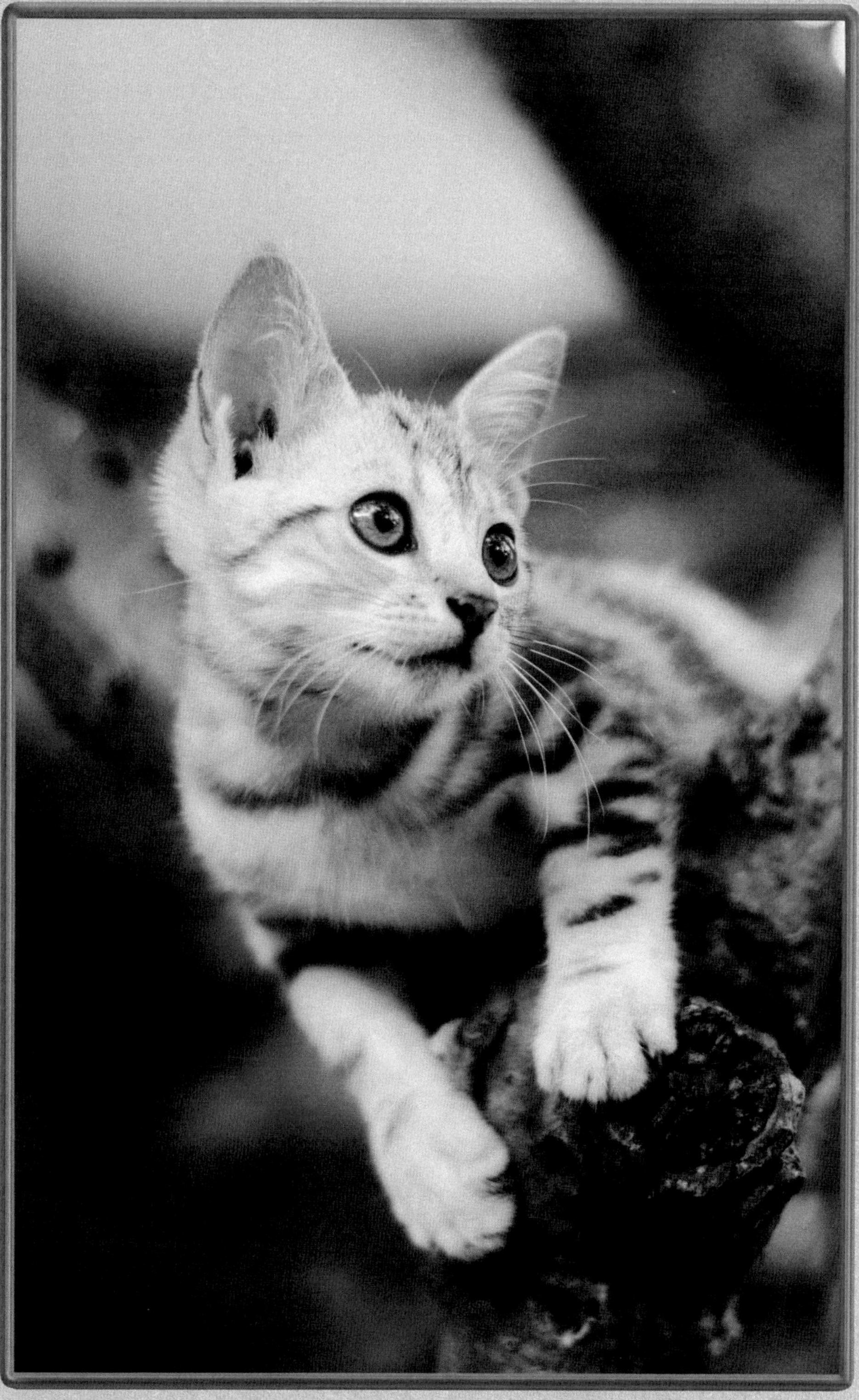

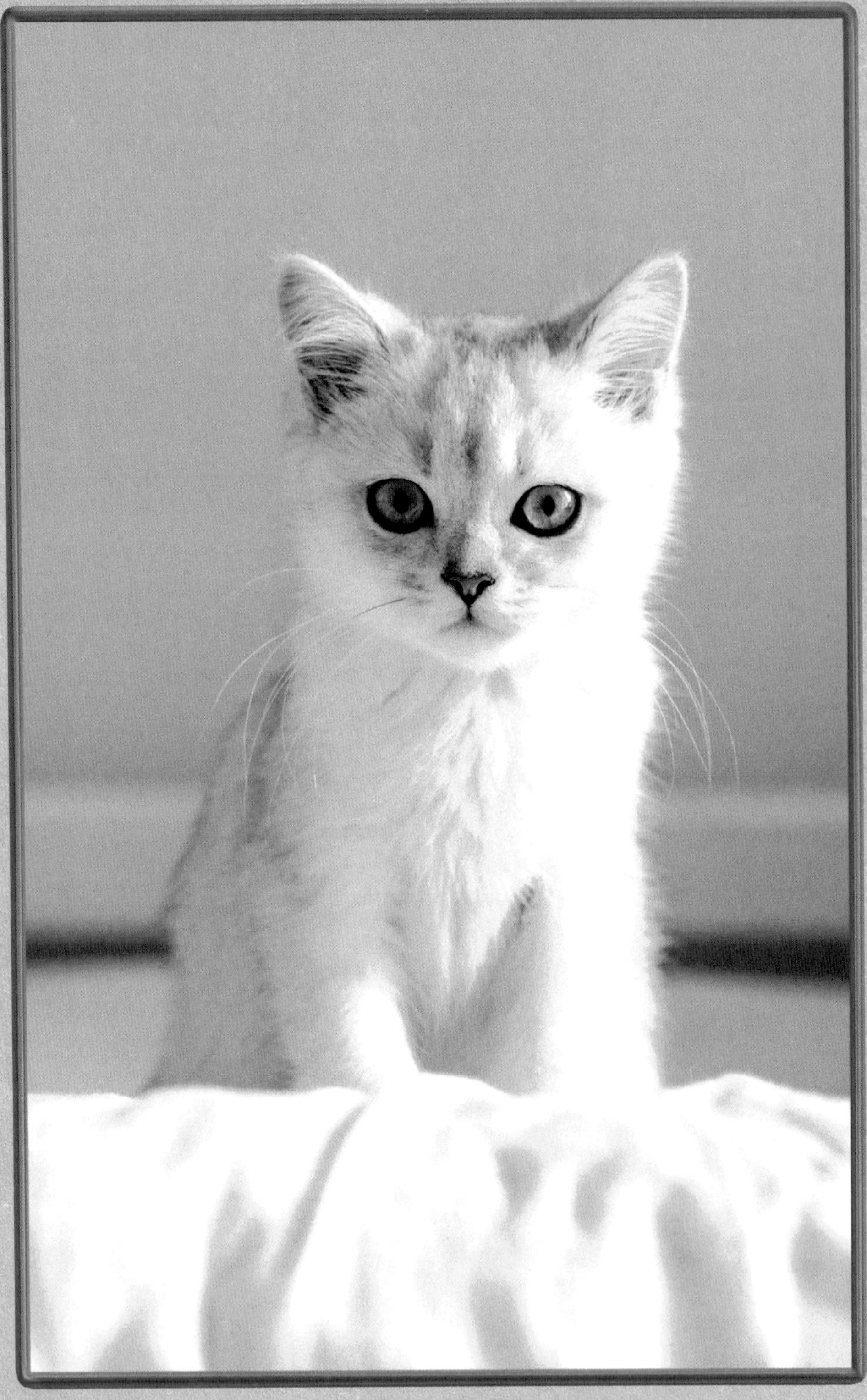

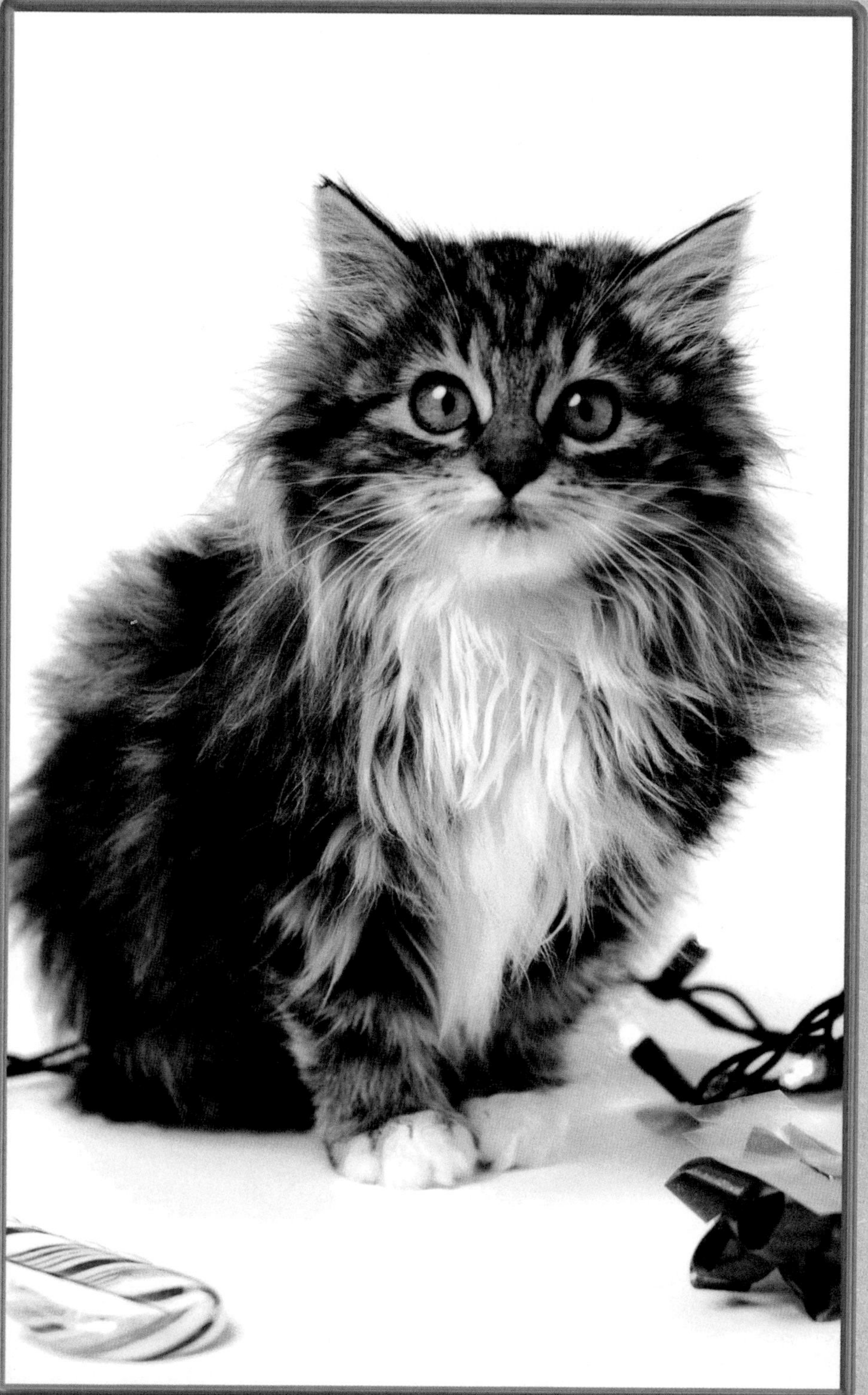

Made in the USA
Las Vegas, NV
30 January 2024

85088094R00026